Bernd Keiner, 1950 in Wuppertal geboren, lebt als freier Journalist in München. Er ist Abenteurer und Globetrotter aus Leidenschaft und berichtet für zahlreiche Zeitungen, Illustrierte und Fachmagazine aus aller Welt.

Seine große Liebe gehört dem 5. Kontinent. Seit 1973, als er zum ersten Mal seinen mit Fliegen angereicherten Tee im „Outback" von New South Wales schlürfte, zieht es ihn immer wieder nach „down under".

„Australien ist wie ein Virus. Wer einmal da war, kehrt ständig dorthin zurück . . ."

W0197981

Bernd Keiner

Quer durch den roten Kontinent

Unterwegs in Australien

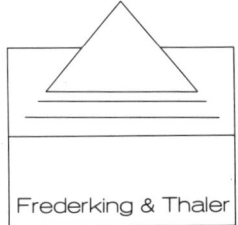

Frederking & Thaler

CIP-Titelaufnahme der Deutschen Bibliothek
Keiner, Bernd:
Quer durch den roten Kontinent : unterwegs in Australien / Bernd Keiner. –
München : Frederking u. Thaler, 1989
  (Reisen, Menschen, Abenteuer)
  ISBN 3-89405-021-7

REISEN · MENSCHEN · ABENTEUER

© 1989 Frederking & Thaler GmbH, München
2. überarbeitete Auflage 1990
Alle Rechte vorbehalten
Titelfoto: Hinz/STERN, Hamburg
Fotos und Karten: Bernd Keiner
Produktion: Tillmann Roeder
Gesamtherstellung: Presse-Druck Augsburg
ISBN: 3-89405-021-7

Inhalt

Stürmische Annäherung

Der „rote Kontinent" bereitete uns einen stürmischen Empfang. Wir, das waren Mike, Hank, Jeff, Monty und ich – und die Jacht *Finisterra*, eine hochgetakelte Ketsch von 23,50 Meter Länge.

Ursprünglich war es meine Absicht gewesen, mit dem Flugzeug von Denpasar auf Bali nach Darwin zu fliegen. Doch dann hatte ich die vier Burschen kennengelernt und meinen Plan geändert. Für hundert Dollar Kostenbeteiligung durfte ich bei Mike, dem Skipper, „anheuern".

Zehn Tage lang waren wir unterwegs gewesen, hatten die Sunda-Inseln Lombok, Sumbawa und Sumba passiert und in Ende auf der Insel Flores neuen Proviant und Frischwasser an Bord genommen. Danach dümpelten wir bei einer Flaute nach der anderen durch die südliche Timor-See. Mike hatte den Treibstoffvorrat kontrolliert und uns in Aussicht gestellt, daß wir die letzten fünfzig Meilen bis Darwin rudern müßten, wenn es nicht bald aufbrisen würde.

Und dann briste es auf, mehr als uns lieb war. Eine über Kurzwelle empfangene Radionachricht warnte vor „den Ausläufern eines Sturmtiefs, das sich der Torres-Straße und der nordaustralischen Küste näherte".

Nach einigem Zögern fiel dann dieses Sturmtief als ausgewachsener Orkan über uns und die arme *Finisterra* her. Mit Mühe und Not konnten wir verhindern, auf die gefährlichen Riffe der dem australischen Festland vorgelagerten Bathurst-Insel geworfen zu werden. Das hätte vermutlich unser aller Ende bedeutet. Immerhin ging Jeff beim Versuch, das Besansegel zu bergen, über Bord. Nur mit größter Anstrengung gelang es uns, ihn wieder aus der brodelnden See zu fischen.

Etwa zwanzig Stunden kämpften wir gegen die entfesselten Naturgewalten. Als sich dann am Morgen der Sturm allmählich

Die Finisterra bei Flaute

legte, befanden wir uns nur fünfhundert Meter von einem sumpfigen, mit Mangroven, Palmen und Buschwerk bestandenen Küstenstreifen entfernt, und unsere *Finisterra* bot einen traurigen Anblick: Von der Heckreling war so gut wie nichts mehr zu sehen, das Ruderhaus war demoliert. Überall hingen zerfetzte Segelteile, lose Schoten, Stagen und Fallen. Der Besanmast, bzw. das was der Sturm von ihm übriggelassen hatte, war total entblößt. Eine abgebrochene Saling hämmerte im Takt der rollenden See gegen die Steuerbordseite. Das Vorstag des Großmastes – ein immerhin fingerdickes Stahlseil – war angebrochen, die Verankerung teilweise aus dem Rumpf herausgerissen. An Segeln war zunächst nicht zu denken. Unter Deck schwappte knöcheltief Wasser, und der arme Jeff leckte seine Wunden. Er hatte eine große Platzwunde am Kopf und – wie sich später in Darwin herausstellte – ein paar angebrochene Rippen.

Gegen Mittag hatten wir unser Boot wieder so weit, daß das Genua-Segel gesetzt werden konnte. Auch der Motor sprang nach einer Weile wieder an, und mit 6,5 Knoten nahmen wir erschöpft, aber glücklich Kurs auf Darwin. Am späten Abend sichteten wir das Leuchtfeuer unseres Ziels.

Als die ersten Europäer dreihundertachtzig Jahre zuvor hier vorbeigesegelt waren, hatte ihnen kein tröstender Lichtschein den Weg gewiesen. Holländer und Spanier hatten als erste – mehr zufällig als beabsichtigt – die nordaustralischen Küstengewässer durchfahren. Luis Vaez Torres, ein Spanier, passierte 1606 die Meerenge zwischen Cape York und Neuguinea, die nun seinen Namen trägt. Als die Holländer 1602 in Batavia auf Java den Hauptsitz der holländischen Ost-Indien-Compagnie gründeten, versuchten deren Kapitäne, „Terra Australis Incognita", das unbekannte Land im Süden, zu entdecken und zu kolonialisieren. Willem Jantsz segelte 1606 über zweihundert Meilen der australischen Küste im Bereich Darwin ab und trug sie in eine Seekarte ein. Der trostlose Anblick der Küste schreckte die Holländer ab. Sie verzichteten auf eine Besiedlung. Erst die Engländer schafften es, allerdings mehr als zweihundert Jahre später, diese unwegsame Region zu besiedeln. 1824 wurde Port Essington gegründet, 1827 Raffles Bay. Zwei Jahre später wurden diese Siedlungen wieder aufgegeben. Heute sind es *ghost towns*, Geisterstädte, stumme Ruinen. Port Darwin erhielt seinen Namen 1839 von dem britischen Leutnant der Fregatte HMS *Beagle*, J. Lort Stokes. Er nannte die Stadt nach seinem ehemaligen Schiffskameraden, dem Naturwissenschaftler Charles Darwin.

Kurz nach Mitternacht passierten wir Fanny Bay und waren guter Stimmung. Die Lichter der Stadt waren ganz nah. Wir umkurvten Larrakeyah und prosteten dem Leuchtturm mit der letzten Dose „Victoria Bitter" zu. Zwanzig Minuten später machten wir an der Mole von Darwin Harbour fest. Wir waren hundemüde.

Darwin – die heißeste Stadt Australiens

Am nächsten Morgen bekamen wir vom Hafenmeister einen neuen Liegeplatz zugewiesen, und zwei Stunden nach dem Verholen erschienen „Port Authorities" und die Leute von der Einwanderungsbehörde: sechs Mann hoch!

Der „Health Officer" – von der Gesundheitsbehörde – kroch mit zwei riesigen Spraydosen über und unter dem Deck, um das Boot zu desinfizieren. Derweil nahm mich der „Immigration Officer" genauestens unter die Lupe. „Sie sind Deutscher? Haben Sie ein Visum? Wollen Sie hier Urlaub machen? Sind genug Geldmittel vorhanden?" – Mir schwirrte der Kopf. Aber schließlich konnte ich ihn zufriedenstellen.

Inzwischen hatten zwei Beamte – zuständig für Drogen – das Boot von hinten bis vorn durchwühlt. Natürlich hatten sie nichts gefunden. Der Zoll auch nicht. Nur der Mann von der Gesundheitsbehörde wurde fündig. Er entdeckte in dem Durcheinander im Salon einen ausgestopften Mungo, drei balinesische Tanzmasken und zwei chinesische Strohhüte – meine Souvenirs.

Für den braven Beamten waren es schlichtweg Produkte pflanzlichen und tierischen Ursprungs, die auf Grund der strikten Gesundheitsbestimmungen nicht eingeführt werden dürfen. Normalerweise werden solche Dinge beschlagnahmt und verbrannt. Bei mir sah die Sachlage etwas anders aus. Als Tourist würde ich das Land ja wieder verlassen, dann könnte ich, und davon ging man bei der Behörde aus, die Souvenirs wieder mitnehmen und woanders einführen. Dann müßte ich allerdings meine Rückreise von Darwin aus antreten. Der langen Rede kurzer Sinn: Meine Souvenirs wanderten erst einmal für sechs Monate in Quarantäne.

Alles schien nun erledigt zu sein. Ein Blick auf die Uhr: 17.30. – Feierabend. Die Herren schwangen sich in ihre Autos und fuhren davon. Jetzt waren wir auch offiziell in Australien.

Im Hafen war kaum was los. Ein paar Trawler, Motorbarkassen, ein Tanker. Am Pier hatte ein weißer Dampfer festgemacht. Zur Stadt hin zeigten sich moderne Gebäude, Hotels, Banken, Büro-

Port Darwin, die heißeste Stadt Australiens

blocks, dazwischen Palmen. Das also war das neue Darwin. Hatte sich mächtig verändert, seit ich das letztemal hier gewesen war. Im Dezember 1974 war das gewesen, wenige Wochen bevor der Zyklon Tracy die Stadt dem Erdboden gleichgemacht hatte.

Der Liegeplatz der *Finisterra* war nur ein paar hundert Meter vom Kitchener Drive entfernt. Als erstes stoppten wir ein Taxi und fuhren mit Jeff ins Krankenhaus. Während Monty bei ihm blieb, fuhren Hank, Mike und ich ins *Victoria Hotel,* das mitten im Zentrum lag und wo wir uns mit den anderen verabredet hatten – im Pub natürlich.

Nun, der Schankraum des *Victoria Hotels* war nicht gerade der nobelste Ort auf der Welt, aber dort gab es Bier, „Victoria Bitter", um es exakter zu sagen. „Der einzige wahre Tropfen", wie Mike zu sagen pflegte. Er schien jede Kneipe in Australien zu kennen, in der „VB" – Victoria Bitter – ausgeschenkt wurde. Mike kam aus Ballarat im Bundesstaat Victoria, das Bier auch. Völlig klar, daß er nie etwas anderes trinken würde. Der Mensch hat eben seine Eigenarten.

Im Pub herrschte Hochbetrieb. Es war Freitag abend, Zahltag, der Tag der Tage. In Dreierreihen stand alles um den langen Tresen gruppiert. Bier floß in Strömen – genauso der Schweiß. Um Viertel nach acht stießen Monty und Jeff zu uns. Sie hatten einen gehörigen Bier-Vorsprung aufzuholen. Jeff trug einen dicken Verband um den Oberkörper und ein Pflaster auf der Stirn, was ihm ein recht abenteuerliches Aussehen gab. Drei Rippen hatte er angebrochen, ein paar unbedeutende Prellungen und Blutergüsse an der Schulter, aber keine innere Verletzungen. Na, wenn das kein Grund war, einen zu heben!

„*Waiter,* einen Krug Bier!"

Irgendwann und irgendwie sind wir auch wieder aufs Schiff gekommen. So genau wußte das am Samstag morgen niemand mehr. Gefrühstückt wurde erst am Nachmittag – in einer Cafeteria: doppelte Portion Speck, Eier, Schinken, Toast, literweise Kaffee und Tee. Danach ging es uns besser.

„Was hast du jetzt vor, Bernard?" fragte Mike.

14

So genau wußte ich das auch noch nicht. Ich dachte daran, mir für ein paar Tage einen Wagen zu mieten und ins östlich von Darwin gelegene Arnhemland zu fahren. In den Kakadu-National-Park. Dann vielleicht nach Sydney oder Brisbane . . . „Und was wollt ihr machen?"

„Hank und ich bleiben auf der *Finisterra* und werden versuchen, den Kahn wieder hinzukriegen. Montag werde ich Maggy anrufen. Sie soll einige Dollars lockermachen. Es ist ja schließlich ihre Jacht. Sobald die ‚Kohle' da ist, segle ich mit Hank und vielleicht noch ein paar anderen Jungs hinunter nach Perth."

Jeff und Monty wollten heimfliegen nach Adelaide, wo sie auch studierten. Allerdings waren sie bis auf dreißig Dollar völlig abgebrannt. Sie hatten vor, sich telegrafisch Geld anweisen zu lassen. Solange das Geld unterwegs war, wollten sie Mike und Hank bei der Instandsetzung der *Finisterra* helfen.

Am Montag mietete ich mir bei Hertz einen Toyota Corolla und hinterlegte fünfhundert Dollar Kaution. In einem Laden für Campingbedarf kaufte ich ein gebrauchtes Minizelt, Moskitoschutzmittel, zwei isolierte Plastikcontainer für Proviant, Spirituskocher, diverses Kochgeschirr und einige andere nützliche Kleinigkeiten für unterwegs. Ich wußte, daß man sich von der Ranger Station dieses riesigen Naturschutzgebietes Aluminiumkanus mieten konnte. Und genau das hatte ich vor.

Acht bis zehn Tage sollte die Exkursion dauern, so hatte ich mir das gedacht. Dementsprechend kaufte ich auch Proviant ein. Was nicht in den Kofferraum paßte, stapelte ich auf den Hintersitz. Mein persönliches Gepäck, eine wurstförmige, prallgefüllte Segeltasche und den Alukoffer mit meiner Kameraausrüstung, packte ich auf den Beifahrersitz. Ich war von einem Entdeckertrieb befallen, fühlte mich mit einemmal wie Livingstone oder Alexander von Humboldt, der Erforscher des Orinoko. Ich fuhr zum Hafen.

An Bord der *Finisterra* war Siesta-Zeit. Jeff, Monty und Mike dösten unter dem aufgespannten Sonnensegel. Zwischen sich ein paar Bierdosen und Kartoffelchips. Hank angelte, das heißt, er hielt eine Nylonschnur in der rechten Hand. Mit der linken preßte er ein kleines Transistorradio ans Ohr. Als waschechter Ire hörte er sich die Ergebnisse der Pferderennen an, wahrscheinlich hatte er sogar einige Wetten abgeschlossen.

„Well, Jungs", sagte ich, „es ist soweit, ich haue ab."

„Good luck, Bernard, paß auf dich auf. Kann gut sein, daß wir in einer Woche immer noch hier liegen. Schau vorbei!"

Australier sind keine Freunde von überschwenglichen, melodramatischen Abschiedsszenen.

„Hebt mir 'ne Büchse VB auf!"

In den Mangrovensümpfen von Arnhemland

Weg war ich. Der Corolla brütete in der feuchten Hitze vor sich hin. Ich kurbelte die Fenster runter und startete. Darwin hat viel von seinem verträumten Charme, der verschlafenen Zeitlosigkeit einer Stadt am Rande der Welt, eingebüßt, dachte ich mir beim Anblick der modernen zyklonensicheren Betonpaläste und Apartment-Blocks. Früher standen hier verwitterte Stelz-Häuser im viktorianischen Kolonialstil. Die hatten mir besser gefallen. Am Botanischen Garten fädelte ich mich auf den Stuart Highway ein. Nach einigen Meilen lagen die letzten verstreuten Häuser hinter mir, begann der Busch, oder das „Outback", wie die Australier sagen. Zehn Autominuten weiter, südlich von Berry Springs, gabelte sich die Straße.

Ich bog links in den Arnhem Highway ein. Ab und zu passierte ich ein paar Trucks, beladen mit uranhaltigem Erz aus den Jabiru-Minen. Bei Humpty Doo sah ich die ersten Wasserbüffel, die wiederkäuend durch die sumpfigen Ebenen planschten. Rund um die Wasserlöcher ein Heer von Vögeln: rosa Kakadus, Loris, Sittiche und langbeinige Kraniche. In Bark Hut Inn, einer Tankstelle mit Motel und Supermarkt, ergänzte ich meine Vorräte durch ein paar Dosen Bier und drei Pakete Eiswürfel, welche

Weißbrot, Obst, Schinken und Käse in einem der beiden Plastik-container kühl halten sollten.

Spätnachmittags, die Sonne warf schon lange Schatten, erreichte ich South Alligator Motor Inn, einen Bungalow-Kom-plex mit Campingplatz, Swimmingpool, Restaurant und anderen touristischen Einrichtungen. Ich buchte für dreißig Dollar ein Einzelzimmer, besorgte mir in der Ranger Station ausführliches Karten- und Infomaterial und mietete ein Alukanu, welches mir am nächsten Tag gebracht werden sollte. Im Hotelbett studierte ich die Karten und legte mir die Route zurecht. Draußen flogen die Moskitos heftige Angriffe gegen das engmaschige Drahtnetz am Fenster.

Ich erwachte durch lautes Hämmern an der Tür. „Bist du fertig? Ich warte mit dem Kanu."

Es war einer der Park-Ranger.

„Einen Moment, ich komme gleich."

Ein Blick auf den Wecker. 5 Uhr 20 – für mich mitten in der

Wasserbüffel weiden neben der Piste

17

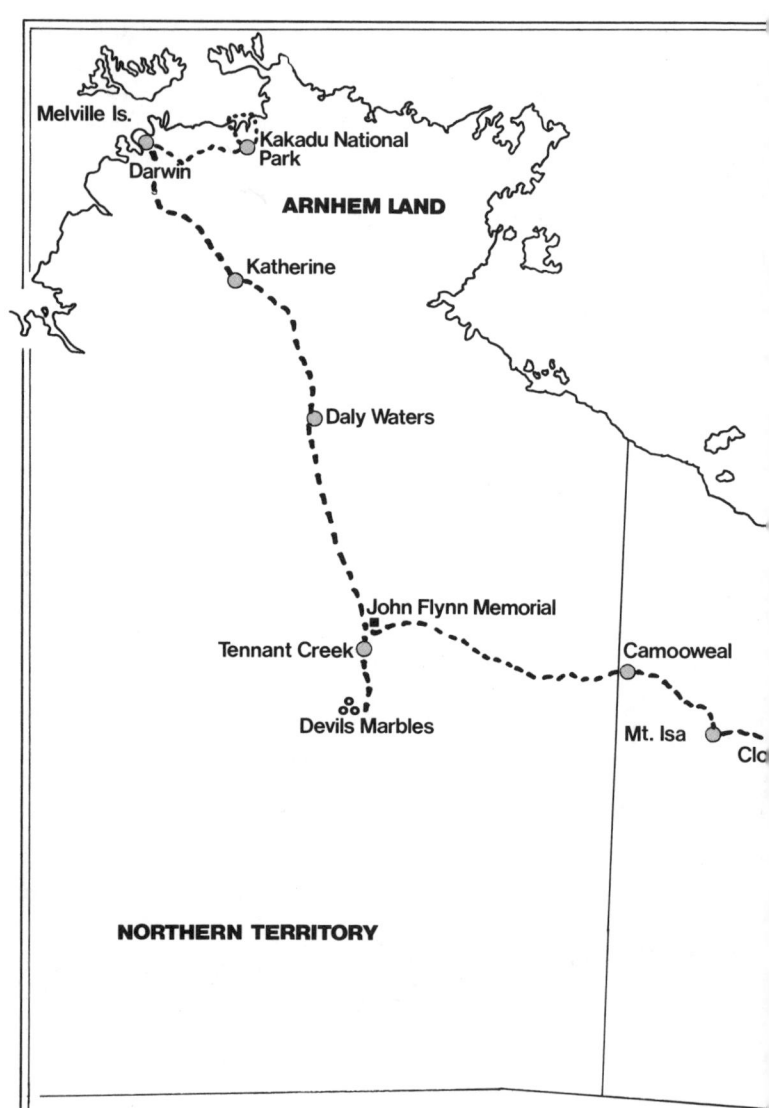

Melville Is.

Darwin

Kakadu National Park

ARNHEM LAND

Katherine

Daly Waters

John Flynn Memorial

Tennant Creek

Camooweal

Devils Marbles

Mt. Isa

Clo

NORTHERN TERRITORY

18

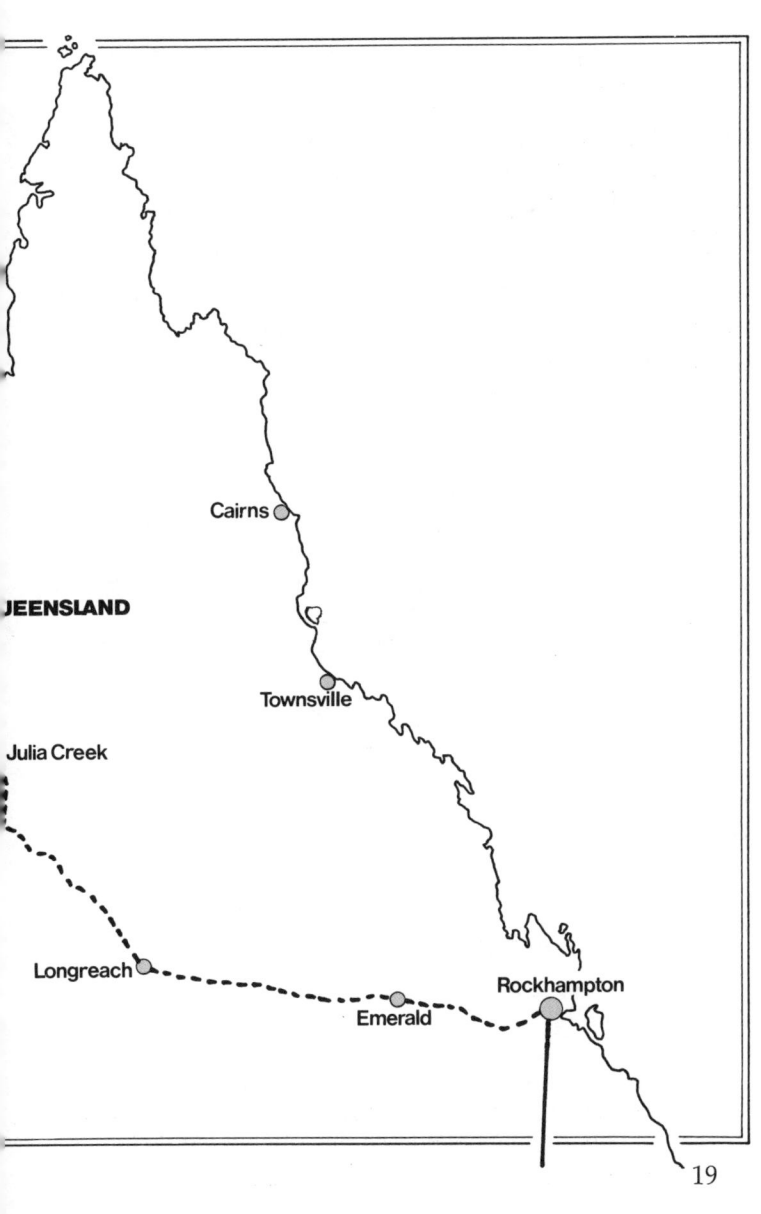

Cairns

JEENSLAND

Townsville

Julia Creek

Longreach

Emerald

Rockhampton

Nacht. Ich sprang in Hemd und Hose, verzichtete auf Waschen und Zähneputzen und eilte aus dem Zimmer.

„Schöner Morgen, nicht wahr?"

Der Ranger war gut gelaunt und höflich. Ich nicht, nicht um diese Zeit. Er hatte das Kanu auf einen Kombiwagen geschnallt. Wir verstauten mein Gepäck und die Ausrüstung im Fond und fuhren los. Er redete, ich schwieg. Der Wagen rumpelte durch den Busch. Irgendwo kreischten Vögel. Langsam krochen die ersten Sonnenstrahlen über die dunkle Masse des Regenwaldes.

Zwei Kilometer schaukelten wir einen ausgefahrenen, rotverschlammten Pfad entlang – es mußte in der Nacht geregnet haben –, dann erreichten wir eine kleine Lichtung am South Alligator River. Wir luden das Kanu ab, packten die Ausrüstung hinein und unterhielten uns noch eine Weile. Clark, so hieß der Ranger, gab mir ein paar nützliche Tips. So zeigte er mir den „J-Stroke", eine Technik, mit der man auch als einzelner das Kanu problemlos geradeaus paddeln kann. Man sitzt dabei im Heck, sticht das Paddel ins Wasser, zieht es durch und dreht es dabei um 90° auf sich zu.

„Du wirst dich dran gewöhnen, spätestens nach drei Tagen", lachte er. „Und achte auf die Krokodile, Junge. Die Biester können verdammt gefährlich werden. Schlag dein Zelt nicht zu nah am Wasser auf, sonst kriechen sie zu dir in den Schlafsack. Und laß deine Stiefel auf keinen Fall vor dem Zelt, selbst wenn du stinkige Schweißfüße hast, sonst benutzt sie ein Skorpion oder eine Giftschlange als Schlafplatz. Wenn du in die Sümpfe kommst, werden dich die ‚Mossies', die Moskitos, bis aufs Blut quälen. Dagegen kannst du dich nur begrenzt wehren. Hier, nimm dieses Zeug und schmier es dir auf Gesicht, Hände und Knöchel. Das hält sie etwas ab."

Er reichte mir eine kleine braune Plastikflasche mit einer übelriechenden Flüssigkeit.

„Was ist das?" Das Zeug roch ekelhaft.

„Genau weiß ich es auch nicht. Eine Mischung aus Petroleum, Schnaps, Wurzelextrakten und Antilopenpisse. Ich hab's von

20

Mit dem Kanu zwischen Mangroven, Moskitos und Krokodilen

einem Schwarzen." Clark schüttelte sich vor Lachen. „Der Aboriginal – wie wir unsere Eingeborenen nennen – stammt aus der Patonga-Reservation. Er schwört, daß es sogar Geister vertreibt. – Mach's gut! Wenn du in sieben Tagen nicht am Border Store bist, schicken wir einen Helikopter los."

„O.k., bis dann."

Clark gab dem Kanu einen Stoß. Ich winkte ihm zu, als er in den Kombi kletterte und davonfuhr. Jetzt war ich auf mich selbst gestellt. Ich stieß entschlossen das Paddel ins Wasser und steuerte das Kanu in die Flußmitte.

Was soll schon schiefgehen, dachte ich, ich bin schließlich nicht der erste und einzige, der hier unterwegs ist.

Der Urwald schien in den Fluß hineinzuwachsen. Ich paddelte mitten hindurch, mitten in eine grüne Hölle. Die Sonne stieg höher und versuchte das Dickicht der Mangroven, Banyan- und Tamarindenbäume zu durchleuchten. Immer wieder mußte ich mich unter weitüberhängenden Ästen hindurchwinden. Ich sah kaum das Blau des Himmels. Es war schrecklich schwül. Der Schweiß brach mir aus allen Poren. Moskitos surrten um mich herum und versuchten sich auf Gesicht und Handrücken festzusaugen. Ich zog die braune Plastikflasche mit dem Wundermittel aus meiner Brusttasche.

„Schmier es dir ja nicht in die Augen, sonst wirst du blind", hatte Clark mich gewarnt.

„Lieber blind, als von diesen Sauviechern ausgesaugt zu werden", sagte ich mir, kippte etwas von der stinkenden Flüssigkeit in die hohle Hand und rieb mir Gesicht, Hals, Schultern, Knöchel und Unterarme damit ein. Hose und Hemd bespritzte ich mit meinem Spray aus dem Supermarkt.

In unzähligen Windungen ging es durch den Regenwald, der Fluß hatte kaum Eigengeschwindigkeit. Das Dickicht nahm kein Ende. Fleischige dicke Blätter und Luftwurzeln baumelten ständig vor meinem Gesicht, die Spinnweben klebten mir langsam Augen und Ohren zu. Es war widerlich. Im Wasser gluckste es.

„Fische", sagte ich mir, „das sind harmlose Fische oder Frösche –

und keine Krokodile."

Langsam und mühselig bahnte ich mir mit dem Kanu meinen Weg. Gelegentlich gellte der Schrei eines Vogels durch die Stille. Die Sonne hatte sich verzogen und schimmerte schwach durch die aufgezogenen Wolken hindurch. Fast unerträglich war die brütende Schwüle. Es war wie unter einer aufgeheizten Käseglocke. Ich band das Kanu an eine starke Mangrovenwurzel, holte eine Büchse Cola aus dem Container und trank sie gierig aus. Lunchzeit. Ich aß etwas von dem labbrigen aufgeschnittenen Weißbrot, kaute unlustig auf dem Käse und trank noch zwei Becher Wasser. Auf einer Orchideenblüte schlief ein tellergroßer Schmetterling. In einem kunstvoll gesponnenen Netz lauerte eine gelbbraune Spinne auf vorbeifliegende Insekten. Ich hatte keine Ahnung, wie weit ich noch vom Meer, vom Van Diemen Gulf, entfernt war.

„Sehen wirst du es so schnell nicht", hatte mir der Ranger erzählt, „aber spüren um so mehr. Bei Flut kommst du kaum hin, es sei denn, du paddelst wie der Teufel. Ist Ebbe, zieht es dich schneller aus dem Fluß heraus, als dir lieb ist."

Noch konnte ich nichts von beidem feststellen. Trotzdem war es mir, als ob ich auf der Stelle verharren würde. Ich hatte Lust, mir die Füße zu vertreten, entdeckte aber nirgendwo eine geeignete Anlegestelle. Allmählich begannen mir Arme und Schultern zu schmerzen, die Hände verkrampften sich. Der Himmel zog sich immer mehr zu. Es sah nach Regen aus. Ich „kochte" in meinem eigenen Schweiß. Alles was ich in mich hineintrank, schwitzte ich in gleicher Menge wieder aus. Hemd und Hose waren wie aufgeweicht.

Die ersten Regentropfen, die auf mich herabklatschten, empfand ich als wohltuende Erfrischung. Eine warme Dusche, die den salzigen Schweiß vom Körper spülte. Doch dann öffnete sich der Himmel. Der Regen prasselte herab. Durch den Wasservorhang konnte ich kaum noch etwas wahrnehmen. Bald schwappte das Wasser knöcheltief in meinem Kanu. Höchste Zeit, um irgendwo anzulegen. Nur wo?

Endlich entdeckte ich zwischen Mangroven und dicht stehenden

Bäumen eine winzige Lichtung, kaum größer als ein Badehandtuch. Ich befestigte das Kanu, watete durchs Wasser und schleppte als erstes den Container mit dem Zelt an Land. Alles war pitschnaß. Mit dem Zelt kam ich überhaupt nicht zurecht. Kommen die Fiberglasstäbe nun nach außen oder nach innen? Irgendwie klappte es dann doch. Das runde Ding stand halbwegs fest, so daß ich nach und nach all meine Habseligkeiten hineinschieben konnte. Für mich selbst war da kaum mehr Platz.

Während der starke Regen unvermindert anhielt, versuchte ich mich in dem igluartigen Zelt halbwegs erträglich einzurichten. Es gelang mir, die Pfützen mit einem Handtuch aufzusaugen und nach und nach zu reduzieren, bis nur noch ein paar kleine Lachen am Rand übrigblieben. Ich hockte mich auf die wasserabweisende Gummimatte und wechselte Hemd und Hose. Im Proviantcontainer waren zwei der Eisbeutel geplatzt und aufgetaut. Das Weißbrot hatte sich vollgesogen wie ein Schwamm, Kekse und Suppentüten waren ebenfalls naß, aufgequollen und nicht mehr genieß-

Immer für Überraschungen gut – Krokodile

bar. Wütend schleuderte ich alles aus dem Zelt, öffnete mit dem Schweizer Armeemesser eine Dose Spaghetti mit Fleischbällchen und mampfte das Zeug kalt in mich hinein. Als es dunkel wurde, zündete ich ein Windlicht an. Was draußen vor sich ging, konnte ich nur erahnen. Unheimlich war es. Mit knatternden Schwingen flogen irgendwelche großen Vögel aus dem Geäst des Baumdikkichts. Frösche quakten laut und schrill, es klang beklemmend und angsteinflößend. Eines war mir klar – in dieser Nacht würde ich kein Auge zumachen. Ich kam mir vor wie ein Gefangener des Urwalds, spürte überall dunkle böse Augen, die mich durch die dünne Nylonwand des Zeltes beobachteten.

„Was wäre, wenn jetzt ein Krokodil käme?"

Der Gedanke ließ mich schaudern. Ich kroch in den feuchten Schlafsack und klammerte das Buschmesser noch fester an mich. Und dann hörte ich es: ein Knacken, Schleifen, Scharren! Es kam näher, immer näher.

Ein Krokodil! Das konnte nur ein Krokodil sein! Starr vor Angst und Entsetzen saß ich da, die Kerze flackerte. Mach sie aus, du Idiot, du lockst das Vieh ja an! Nein, laß sie brennen, dann siehst du das Untier wenigstens, wenn es seinen Rachen durch die Zelthaut schlägt.

Die Angst ließ mich kaum mehr atmen. Kalter Schweiß perlte von der Stirn.

Gib mir eine Chance, Krokodil! Bitte gib mir eine Chance.

Ich betete, was mir gerade so einfiel, und fürchtete das Schlimmste. Knack, knack – wieder zerbrachen draußen Äste, rutschte etwas sehr Schweres über den nassen Boden. Dann wieder Stille! Wurde das Knacken, Scharren, Schleifen nicht schwächer? Tatsächlich. Die endlose Angst wich allmählich. Ich tastete nach der Proviantkiste und fischte eine Dose Bier heraus. Zisch! Ich ließ den Ringverschluß in die Büchse fallen und kippte das Bier in tiefen Schlucken in mich hinein. Es schmeckte wie Champagner, wie Honigwein, wie Mangosaft und schien mir das Köstlichste zu sein, was ich jemals getrunken hatte. Mit dem Buschmesser in der Hand wartete ich auf den nächsten Morgen.

Schallendes Lachen drang in der Dämmerung an mein Ohr. Was war das nur wieder? Behutsam schob ich mich aus dem Schlafsack und öffnete zentimeterweise den Reißverschluß des Zelts. Es war noch früh. Im Osten hatte sich der Himmel bereits rotviolett gefärbt. Wenig später stieg die Sonne über dem Regenwald empor, erwachte schlagartig der Tag. Nur knapp zwanzig Meter von mir entfernt standen hochaufgerichtet einige weiße Reiher im Wasser und stießen mit ihren langen Schnäbeln zwischen Mangroven und Baumwurzeln. Pelikane segelten vorbei, den Kropf mit Fischen vollgestopft. Ein Schwarm grünroter Loris ließ sich in einem hohen Baumwipfel nieder. Im Wasser sprangen die Fische.

Geweckt hatte mich ein Kookaburra, ein weißbrauner großer Eisvogel, mit seinem unnachahmlichen Gelächter, das ihm auch den Namen „Lachender Hans" eingebracht hat.

Welch eine Faszination die Landschaft plötzlich ausübte! Kein Wind bewegte das Wasser des trägen Flusses, in dem sich der Himmel spiegelte. Als der Kookaburra mit seinem Lachkonzert zu Ende war, wurde es ganz still. Eine vollkommene Ruhe lag über Wald und Fluß. Nichts störte diese Harmonie. Selbst die sonst so lästigen Moskitos hielten sich noch zurück.

Ich schlüpfte aus dem Zelt und erkundete das Terrain. Das Kanu war dort, wo ich es angebunden hatte. Es war voller Wasser. Ich versuchte es die Uferböschung hinaufzuziehen – ein sinnloses Unterfangen. Erst als ich es mit schnellen Bewegungen hin und her schaukelte, gelang es mir, den größten Teil des Regenwassers hinauszuschwemmen. Den Rest erledigte ich mit der leeren Spaghettibüchse. Rund fünfzehn Meter vom Zelt entfernt entdeckte ich tiefe Abdrücke im Schlamm, Schleifspuren, wie sie nur Krokodile hinterlassen.

Nach einer Tasse Tee vom Spirituskocher, einer Hartwurst und einigen nassen Brothappen verstaute ich meine Sachen im Kanu und setzte, begleitet vom Gekreische aufgescheuchter Jabirus und Kraniche, die Fahrt ins Ungewisse fort. In der Ferne kreiste einsam ein Adler. Wenigstens kannte er sich in der Gegend aus.

Der Regenwald lichtete sich, der South Alligator River wurde breiter und sumpfiger. Eine Herde Wasserbüffel mit ihren Kälbern schaute mir neugierig zu, als ich mit der Kamera auf sie zielte. Scheu kannten sie nicht. Auf einer Sandbank räkelten sich drei Krokodile. Ich ließ mich vorsichtig in ausreichendem Sicherheitsabstand an ihnen vorbeitreiben. Die Tiere waren mindestens zwei, drei Meter lang.

Ich tauchte meine Hand in den Fluß und spritzte mir Wasser ins Gesicht. Es schmeckte brackig, salzig. Weit konnte es jetzt nicht mehr bis zum Van Diemen Gulf sein. Weiter vorne pickten zwei kleine graue Vögel auf einem im Wasser treibenden Baumstamm nach Nahrung. Ich paddelte langsam auf sie zu. Mit einemmal bewegte sich der Baum, tauchte ab und peitschte kurz mit seinem schuppigen Schwanz das Wasser. Ein Krokodil! Mir fiel vor Schreck fast das Paddel aus der Hand. Ich suchte mein Heil in der Flucht.

Ein paar hundert Meter weiter, hinter einer ausgedehnten Flußschleife lief ich auf Grund. Das Kanu rührte sich keinen Millimeter weiter. Das trübe Wasser des Flusses war hier nicht tiefer als zwanzig bis dreißig Zentimeter. Vorsichtig stieg ich aus dem Kanu und sackte gleich knietief im Schlamm ein. Verschreckt warf ich mich auf die Bootkante und zog die Beine aus der glitschigen Umklammerung. Was tun?

Anscheinend war Ebbe, und der Golf hatte dem Fluß sein Wasser entzogen. Hier hocken bleiben und auf Krokodile warten wollte ich nicht. Als ich mich links aus dem Kanu gleiten ließ, stieß ich auf festeren Untergrund. Ich klammerte mich an den Bootsrand, meinen einzigen soliden Halt. Das Kanu mußte mich jetzt tragen. Ich stemmte es vor, zog meinen Körper nach und machte gut ein, zwei Meter. Mit dieser Technik schaffte ich es, einige Flußschleifen weiterzukommen, ohne in dem modrigen Schlamm zu versinken.

Allerdings war die ganze Aktion unheimlich kräftezehrend. Ich gönnte mir eine Pause und ließ den Schlamm auf der Haut trocknen. Die Sonne hatte ihren höchsten Stand erreicht. Alles, was Beine, Flügel oder Flossen hatte, suchte im Schatten Schutz, selbst Fliegen und Moskitos. Für mich gab's nirgendwo Schatten, höchstens neben dem im Schlamm steckenden Kanu. Die feuchte Hitze „kochte" literweise die Feuchtigkeit aus meinem Körper. Ständig bespritzte ich mich mit Wasser, um das Ganze einigermaßen erträglich zu machen. Mit der zusammengefalteten Karte fächelte ich mir Luft zu.

Plötzlich schlugen glucksend kleine Wellen gegen den Blechrumpf. Das Kanu schwamm frei und begann sich zu drehen. Die Flut kam. Rasch ergriff ich das Paddel und lenkte es in Richtung Meer. Immer unübersichtlicher wurde das graublaue Mäanderband des South Alligator River; der Flußlauf verzweigte sich zu einem Labyrinth. Ich mußte höllisch aufpassen, um im richtigen Fahrwasser zu bleiben.

Nach mehrstündiger Irrfahrt sah ich endlich das offene Meer vor mir. In dem Grenzbereich von offener See und Flußströmung begann das Kanu heftig zu schwanken. Kurze, kabbelige Wellen bereiteten mir enorme Schwierigkeiten. Nur eine unkontrollierte Bewegung, und ich würde samt meiner Ausrüstung über Bord fallen. Das wäre sicherlich mein Aus, das Ende der Exkursion. Zudem könnten im Wasser, abgesehen von den Krokodilen, andere unliebsame Überraschungen auf mich warten: Stachelrochen und Haie, die, wie mir der Ranger berichtet hatte, etliche hundert Meter die Flüsse hinauf schwimmen – kein angenehmer Gedanke.

„Wenn du das Meer erreichst, halte dich rechts. Gut fünf Meilen entfernt gibt es eine kleine Insel mit Sandstrand und Mangroven. Dort kannst du campen!" hatte Clark mir geraten. Er hatte recht. Die Insel konnte ich sehen, als ich mit dem Sechshunderter-Teleobjektiv den Horizont absuchte. Ich machte mir Mut und spuckte kräftig in die Hände. Kurz bevor die Sonne im Westen verschwinden wollte, erreichte ich die winzige Insel und zog das Kanu an den Strand.

Die Insel war o.k. Ich baute das Zelt auf, sammelte Treibholz und zündete ein Feuer an. Zum Dinner servierte ich mir eine

Suppe, die ich mit Dosenspaghetti und Salamischeiben anreicherte. In der Seebrise flatterte die Wäsche. Am nächtlichen Himmel strahlte das Kreuz des Südens, eingebettet zwischen den Abermillionen Fixsternen der Milchstraße. In dieser Nacht schlief ich tief und fest. Kein Krokodil störte mich.

Ich blieb einen weiteren Tag auf der Insel und kam mir vor wie Robinson. Splitterfasernackt lief ich am Strand entlang, suchte Muscheln und schaute den Vögeln zu. Die Herons, Egrets und Seeschwalben wußten gar nicht so richtig, was sie mit mir anfangen sollten. Keck stolzierten sie um mich herum und

Auf einem Mündungsarm des East Alligator River

schauten zu, wie ich ein Sandloch buddelte, mich hineinhockte und stundenlang auf die endlos glitzernde See hinausstarrte.

Es war eine schöne winzige Welt, die nur mir zu gehören schien. Krokodile, Moskitos, Termitenhügel, Darwin und die *Finisterra* – alles schien auf einmal so weit entfernt zu sein. Vor mir lag die See, hinter mir das Zelt vom schützenden Kranz der Mangroven umgeben.

Mit dem Kanu übte ich Wellenreiten und hatte jede Menge Spaß. Der Versuch, mit einer Angelschnur Fische zu fangen, schlug zwar fehl, minderte aber nicht das wunderbare Robinson-Gefühl. Es war herrlich. Ich war völlig zeitlos und losgelöst, ein Bestandteil der allmächtigen Natur. Ich stand mit der Sonne auf und ging abends mit der Sonne schlafen. Dazwischen lag das Gefühl, zu leben, nutzlose Dinge zu tun, und die Beschäftigung mit dem eigenen Ich.

Am nächsten Tag schob ich das Kanu ins Wasser und paddelte die Küste entlang, auf der Suche nach der Mündung des East Alligator River. Ich hatte Glück und fand in dem weitläufigen Sumpfdelta die richtige Flußmündung schon beim dritten Anlauf.

Meine alten Bekannten stellten sich auch wieder ein: die Krokodile, die Moskitos und die Blutegel, die sich bei gelegentlichen Kanu-Schiebe-Aktionen zu Dutzenden an meinen Unterschenkeln festgesaugt hatten. Sie hinterließen häßliche, anschwellende Wunden an den Waden.

Zwei Tage paddelte ich flußaufwärts. Bei den Obiri Rocks stieß ich auf Felsmalereien der australischen Ureinwohner. Mythische Bilder, deren Alter man auf 30 000 Jahre schätzt. Die steinzeitlichen Jäger, welche damals als erste Menschen diesen menschenleeren Kontinent besiedelt hatten, hatten auf Felsen für uns unverständliche Muster und Szenen gemalt, die von Legenden von Menschen und Tieren berichteten.

Was mir besonders an den Figurenbildern auffiel, waren die Darstellungen von Lebewesen, die kein Gesicht zu haben schienen. Später, als ich Clark, den Park-Ranger, nach diesen Bildern fragte, erzählte er mir die Geschichte dieser „Wandjinas", der

Mythische Felsmalerei der Aboriginals

Götter ohne Mund. Den Legenden der Eingeborenen nach sollen in der „Traumzeit" aus den Tiefen der Timor-See eben jene Götter aufgestiegen sein. Es waren Schöpfungswesen, die das heutige Antlitz der Erde schufen. Dort, wo sie ihren Fuß hinsetzten, bildeten sich Täler und Berge. Als das Land geformt war, zeugten die „Wandjinas" Menschen und Tiere. Danach verschwanden sie. Doch noch immer kontrollieren sie das Leben auf der Erde, bestimmen den Weg von Wolken und Wind, bringen Regen, Blitz und Donner und lassen Bäume und Früchte wachsen.

Eine andere wichtige Figur im Geisterkult der nordwestaustralischen Aboriginals ist die „Regenbogenschlange", für die es viele Namen gibt. Der geläufigste ist „Kunapipi", die Erdmutter. Ähnlich wie die „Wandjinas" hat die Regenbogenschlange die Macht über Gut und Böse, Wetter, Fortpflanzung, Tiere und Menschen. Ihre Strafen sind Zyklone, extreme Trockenheit und verheerende Seuchen. Und wer sehen will, wo sie einst lebte, braucht nur die unwegsamen Mangrovensümpfe Arnhemlands zu erkunden – über die Abdrücke des mächtigen Schlangenleibes strömen heute die zahlreichen Windungen der Flüsse . . .

Die Gegend rund um die Obiri Rocks war bizarr und urwüchsig. In der Nähe der Felsen befanden sich große Wasserlöcher. Die Uferzone war mit gelb-rosa Lotusblüten überwuchert. In den Morgen- und Abendstunden wimmelte es hier von Vögeln: silbergraue Kraniche – Brolgas –, Enten, Tauben, Kakadus und buntgefiederte Wellensittiche. In den kahlen Ästen abgestorbener Sumpfzypressen breiteten Schlangenhalsvögel ihr Gefieder aus und ließen es von der Sonne trocknen. Känguruhs, Wallabys und Eidechsen eilten vor mir davon.

Der Billabong – so heißen die Wasserlöcher – erschien mir so unberührt, so friedlich, daß ich mich entschied, an einem trockenen, sandigen Fleckchen zu campen. Das qualmende Feuer hielt die Moskitos einigermaßen ab. Es war für mich der ideale Lagerplatz. Über mir wölbte sich ein riesiger Eukalyptusbaum, dessen weitausladende Äste im Feuerschein fahlweiß glänzten. Das Zelt hatte ich in der Container-Box gelassen. Heute nacht wollte ich die Sterne zählen und den Mond berühren.

Als ich spät in der Nacht noch einmal pinkeln mußte, leuchtete ich mit der Taschenlampe in die Dunkelheit. Der Schein der Lampe huschte über drei halb im Wasser liegende Krokodile. Eins dieser Biester riß drohend sein Maul auf und ließ mit lautem Knacken die Kiefer aufeinanderprallen. Böse und aggressiv funkelten die Augen. In Panik packte ich meinen Schlafsack, zertrampelte die Glut des Lagerfeuers und kletterte auf den Eukalyptusbaum. In sicherem Höhenabstand zu den Krokodilen verbrachte ich mehr wachend als schlafend den Rest der Nacht.

In Border Store, an der Grenze zu einem Aboriginal-Reservat, war meine Kanu-Expedition zu Ende. Ein Ranger fuhr mich zum South Alligator Motor Inn, zurück in die komfortable Touristenwelt. Doch schon nach zwei Tagen schnöden Nichtstuns, Barbecue-Abenden und Smalltalk beim Sonnenbaden am Swimmingpool, ging ich wieder in die Wildnis, diesmal allerdings wohlorganisiert – und in einer Gruppe. Das Ganze nannte sich „Three-Day-Cockatoo Adventure".

Wir waren acht Personen und fuhren mit zwei Jeeps durch ein Gebiet, in dem es mehr Wasserbüffel als Känguruhs gab, zu der Yellow-Waters-Lagune. Dort machten wir eine Rundfahrt mit dem Schlauchboot. Am zweiten Tag kutschierte uns der Tour-Guide zu den Jim Jim Falls, wo ein Doppelwasserfall über dunkle Basaltfelsen in ein Wasserloch stürzt. Einen Tag später lagen wir wieder am Swimmingpool des Hotels. Das Ganze war so uninteressant und langweilig, daß mein Bedarf an organisiertem Abenteuer erst einmal gedeckt war.

Ich packte meine Sachen in meinen Mietwagen, schenkte den übriggebliebenen Proviant zwei heruntergekommenen Aboriginals, die an der Tankstelle von Bark Hut Inn ihre Zeit totschlugen, und fuhr die zweihundert Kilometer zurück nach Darwin. Dort wollte ich mir in aller Ruhe meine nächsten Reiseziele aussuchen.

Glück und Unglück in Darwin

In Darwin gelang es mir, den Inhaber des Camping-Shops zu überreden, die bei ihm zuvor erstandene Ausrüstung für zwanzig Dollar zurückzukaufen. Anschließend lieferte ich den Mietwagen ab. Nach Verrechnung der gefahrenen Kilometer, der Versicherung und der Grundmiete bekam ich von meinen fünfhundert Dollar Kaution gerade noch vierundsechzig Dollar und neununddreißig Cents zurückerstattet. Der Wahnsinnstrip in die Wildnis war teurer gewesen, als ich ursprünglich gedacht hatte, und riß ein ziemliches Loch in meine Reisekasse. Bereut habe ich den Ausflug aber nicht.

Mein Gepäck war wieder auf Segeltasche und Kamerakoffer zusammengeschrumpft. Von einem Taxifahrer ließ ich mich in einem preiswerten Hotel in der Nähe des Hafens absetzen. Zimmer mit Frühstück für 23,50 Dollar, das war wieder erträglich. Ich brachte meine Sachen in eine chinesische Wäscherei – sie sind am schnellsten, besten und billigsten – und beschloß, einem plötzlichen Einfall folgend, meine restlichen Dollarschecks in klingende Münze einzutauschen – Bargeld lacht!

Mit den Taschen voller Geld setzte ich mich in ein nettes schattiges Gartenrestaurant und ließ meine Finger auf der ausgebreiteten Australienkarte neue Reiserouten suchen. Ein Flug von Darwin nach Cairns bot sich an. Von dort konnte man das Great Barrier Reef erkunden. Statt zu fliegen, konnte ich aber auch den Überlandbus nehmen. Dann wäre ich zwar zwei, drei Tage unterwegs, würde aber bestimmt viel von Nordaustralien sehen. Vielleicht sollte ich sogar einen gebrauchten Wagen kaufen und einfach drauflosfahren. Die Idee gefiel mir sehr gut, aber dafür hätte ich erst nach Brisbane kommen müssen, denn dort waren Gebrauchtwagen wesentlich billiger als in Darwin.

Ich beschloß, erst einmal mit dem Bus nach Townsville zu

fahren und von da entweder Cairns oder Brisbane anzupeilen.

Ich faltete die Landkarte zusammen, zahlte, holte meine Wäsche beim Chinesen ab und ging zum Hotel zurück. Dort wartete ich, bis die feuchtheiße Luft erträglicher wurde. Nach Sonnenuntergang aß ich ein kleines Steak auf Toast. Dann steckte ich all mein Geld in meinen Brustbeutel – damit es mir im Motel nicht gestohlen wurde – und machte mich auf den Weg zum *Victoria Hotel*, wo ich die Jungs von der *Finisterra* zu treffen hoffte. Das Geld in den Brustbeutel zu stecken war einer der dümmsten Einfälle, die ich je hatte, aber das konnte ich zu dem Zeitpunkt noch nicht wissen.

In der Bar des *Victoria Hotels* herrschte die übliche Feierabendstimmung: Der Fernseher übertrug Sportnachrichten, die Bierhähne machten Überstunden. Ich bestellte mir ein Victoria Bitter und Erdnüsse und prostete meinem Tresennachbarn zu. Er war Fernfahrer, ein Truckie also, und hieß Ove Anderson. Sein Truck, Volvo F 12 Intercooler, wurde gerade im Frachthof einer Spedition beladen. Ove wollte sich nur „eben kurz ein Bierchen" gönnen, bevor er die zweitausend Meilen nach Port Augusta, quer durch den Kontinent, antrat. Die Barmaid reichte mir gerade eine zweite Tüte Erdnüsse, als mir jemand auf die Schulter tippte. Hank, der irische Bootsmann von der *Finisterra*, grinste mich an.

„Hi, Bernard, die Krokodile und Moskitos scheinen noch etwas von dir übriggelassen zu haben."

„Stimmt", lachte ich, „dafür hat mir aber die Hitze das Hirn ausgedörrt."

„Hirn?" feixte er zurück und klopfte mir den Oberarm. „Du meinst, du hast den Zettel aus deinem Schädelkasten verloren, auf dem ‚Hirn' steht?"

Der Abend fing gut an. Ove, der Truckie, trollte sich bald, um nach seinem Fahrzeug zu sehen. Dafür kreuzte wenig später Mike mit einem schlaksigen, dünnen, flachsblonden Typ auf.

„Bernard, du hier?"

„Klar, Skip", antwortete ich, „dachte mir, daß ich euch Halunken nur im *Victoria Hotel* treffen würde. Und ich hatte recht."

„Du hast Glück, Bernard. Morgen früh wollen wir auslaufen, nach Dampier und dann weiter nach Perth. Das ist übrigens Gordon. Er war drei Jahre Decksmann auf einem Frachter. Kennt die Küste und den Indischen Ozean wie seine Westentasche."

Ich begrüßte den Flachsblonden, der mit einem eigenartigen Akzent sprach.

„Gordon, sag mal, du bist doch kein Aussie?"

„O nein", entgegnete er, „ich stamme aus Port Elizabeth in Südafrika. Hab' hier in Darwin angeheuert. Hatte die kurzen Liegezeiten mit dem Container-Schiff satt. Dann traf ich Mike und Hank am Hafen und hab' ihnen ein bißchen beim Auftakeln der *Finisterra* geholfen. Tja, und jetzt segle ich mit den beiden weiter nach Perth."

Das war also Gordon, ein Ex-Seemann, dessen Englisch ein wenig wie Holländisch klang. Mike erzählte, daß sie das Schiff wieder einigermaßen hergerichtet hatten. Mrs. Abercrombie, die reiche amerikanische Witwe, hatte Geld angewiesen, so daß die Crew wieder liquide war. Jeff und Monty waren noch vier Tage an Bord gewesen, bis das Geld ihrer Eltern eingetroffen war. Dann waren sie sofort nach Adelaide geflogen. Ich plauderte über meine Abenteuer im Kakadu-National-Park und über meine neuen Reisepläne.

„Geh nach Brisbane", sagte Mike, „geh bloß nicht nach Cairns. Bald beginnt die Regenzeit, und aus ist's mit der Tropenherrlichkeit. Der ewige Regen macht dich fertig. Du hast das Gefühl, als ob du verschimmeln würdest. Jeden Tag dieser Scheiß-Regen, der aufs Blechdach trommelt und die Straßen in rote, unpassierbare Schlammpisten verwandelt. Was willst du denn überhaupt in Cairns machen? Glaub mir, du drehst da durch. Entweder du säufst dir jeden Tag einen an, oder du gehst sonstwie vor die Hunde. Der Monsun mit seinen Wirbelstürmen macht die Leute depressiv. Da klinken viele aus. Nicht umsonst hat dieses Kaff zwischen November und Februar die höchste Selbstmordquote im ganzen Land. Von Scheidungen und Eheproblemen ganz zu schweigen. Ich sag' dir eins, vergiß Cairns. Versuch's an der Gold-

Coast oder in Noosa Heads, wenn du nach Queensland willst – nur nicht in Cairns."

Mike war richtig in Fahrt gekommen. Offensichtlich hatte er dort schlechte Erfahrungen gemacht. Was er sagte, klang allerdings plausibel.

„Okay, Mike, ich werde deinen Rat befolgen. Zuerst nach Brisbane und sobald die Regenzeit vorbei ist und ich noch Geld habe, düse ich hinauf nach Cairns und gehe mit Lee Marvin auf die Jagd nach dem Black Marlin."

„Tu das! Darauf müssen wir einen trinken, bevor der Laden zumacht."

Die Bar schloß gewöhnlich um 23.00 Uhr. Eine Viertelstunde vorher gellte das „Last-Order-Signal" durch die verräucherte stickige Luft. Wir waren jetzt mächtig in Fahrt. Hank, der irische Hitzkopf, legte sich mit einem Matrosen der *Wellington* an, einem neuseeländischen Kriegsschiff, das zu einem Flottenbesuch nach Darwin gekommen war. Hank nannte den Matrosen „Schaf" und meinte, daß alle Neuseeländer „stinklangweilige Schafsköpfe" seien. Für den Matrosen wiederum war Hank nichts anderes als ein „aufsässiger, irischer Rebell", dessen Verwandte in Belfast und Londonderry britische Soldaten abknallten.

Das war zuviel für Hank. Ein Wort zuviel. Er knallte dem Neuseeländer wutentbrannt seine Rechte ins Gesicht, packte ihn am Kragen und schüttelte ihn durch. Mike hechtete sich dazwischen und wollte den aufgebrachten Hank zurückreißen. Doch er ließ nicht locker.

„Hank, laß ihn los, du Idiot! Du hetzt uns ja die ganze Meute auf den Hals!"

Es war, als ob der gute Mike hellseherische Fähigkeiten gehabt hätte. Plötzlich waren fünf oder sechs weißuniformierte Matrosen um uns herum, natürlich alles Neuseeländer. Wir drängten zum Ausgang. Die Burschen hinter uns her. Ich stolperte, riß irgend jemanden mit um und fand mich plötzlich auf dem Bürgersteig wieder – mit einem Matrosen im Clinch. Wild um mich schlagend, konnte ich ihn abschütteln. Doch er griff immer wieder an. Ich hatte Mühe, mich seiner zu erwehren. Auch Mike und Hank hatten es nicht einfach mit der Marine. Und als gar aus einem Taxi vier weitere Weißuniformierte sprangen, war der kritische Punkt erreicht. Das schienen auch Hank und Mike zu erkennen. Sie nahmen fluchend Reißaus. Ich rannte auch, rannte was die Beine hergaben. Nach ein paar hundert Metern blieb ich keuchend stehen und lehnte mich gegen eine Hauswand. Das Jeanshemd war vorn total zerrissen. Ich blutete aus einer Schürfwunde am Knie. Gott sei Dank war ich sonst in Ordnung und wischte mir den Schweiß von Gesicht und Hals.

Teufel, wo war mein Brustbeutel? Ich tastete meinen Hals ab. Nichts! Nicht einmal das Lederband war da. Wo waren meine Dollars? Mir wurde fast übel vor Schreck. Dann dämmerte es mir. Der Matrose mußte mir bei dem Gerangel den Brustbeutel vom Hals gerissen haben. Was nun?

In meiner Hosentasche fand ich eine Zehndollarnote und fünfunddreißig Cent. Sonst nichts. Ich drehte ernüchtert eine Runde um den Häuserblock und näherte mich dem *Victoria Hotel* von der anderen Seite. Die Bar war zu, die Läden heruntergelassen. Vor der Tür lagen ein paar Scherben und leere Bierdosen. Das war alles. Von den neuseeländischen Matrosen keine Spur. Sollte ich zum Hafen gehen, zu ihrem Schiff?

Aber die *Wellington* lag sicher in der Militärzone des Hafens, da kam ich nicht rein. Ich mußte zur *Finisterra*. Mike und Hank waren bestimmt zum Jachthafen gerannt, und dort würde ich sie antreffen.

Nachdem ich mich in der Dunkelheit orientiert hatte, hastete ich die Smith Mall zum Hafen hinunter. Ein Trawler tuckerte gerade aus dem schwachbeleuchteten Hafenbecken, ein paar andere Schiffe lagen an den Kais vertäut. Die Wellen klatschten glucksend gegen die Betonmauern. Von der *Finisterra* war nichts zu sehen. Vielleicht lag sie in der Frances Bay, drüben beim Bahnhof?

Zehn Minuten später war ich dort. Doch auch hier war das Schiff nirgendwo zu entdecken. Deprimiert hockte ich mich auf den Pier und fixierte die Masten der wenigen Segeljachten. Ich hätte heulen können. Eine ganze Weile saß ich da und wußte nicht, was ich anfangen sollte. Müde und niedergeschlagen trottete ich durch die menschenleeren Straßen zu meinem Hotel. Angezogen warf ich mich aufs Bett. Das monotone Surren des Deckenventilators ließ mich bald einschlafen . . .

Katerstimmung. Selbstvorwürfe. Verzweiflung. Lustlos stocherte ich am Morgen in einem weichgekochten Ei. Der schwarzverbrannte Toast war längst erkaltet, der durchsichtige Tee ebenfalls. Das spartanische Frühstück paßte zum Hotel – und zu meiner Verfassung. Wie sollte es nun weitergehen? Meine ganze Barschaft belief sich auf zehn Dollar und fünfunddreißig Cents. Es wurde nicht mehr, da konnte ich noch so oft meine Taschen umkrempeln. Ob ich nicht einfach zur nächsten Polizeistation marschieren sollte? Warum nicht. Ich würde eine Diebstahlsanzeige aufgeben – gegen Unbekannt. Oder gegen die gesamte neuseeländische Marine. Und was sollte die Polizei tun? Eine Durchsuchung auf der *Wellington* vornehmen? Eine Sammlung für einen mittellosen deutschen Australienurlauber veranstalten?

Nein, die Polizei konnte ich wohl vergessen. Die würden mich vielleicht noch wegen nächtlicher Ruhestörung, Sachbeschädigung, Körperverletzung oder sonst was einbuchten. Natürlich konnten sie mich auch abschieben. Ich hatte ja kein Geld mehr für die Rückreise. Aus dem Telefonbuch suchte ich mir die Nummer der „Port Authorities" heraus. Ob jemand etwas über den Verbleib der *Finisterra* wußte, fragte ich die Stimme am anderen Ende der Leitung.

„Welches Schiff?"

„Die Segeljacht *Finisterra*", rief ich aufgeregt in den Hörer.

„Warten Sie bitte einen Augenblick!"

Ich hörte, wie der Beamte mit einem Kollegen sprach.

„Hallo, Sie möchten wissen, wann die *Finisterra* abgefahren ist?"

„Ja", antwortete ich hastig.

„Das Schiff hat ordnungsgemäß ausklariert und ist vor gut einer Stunde ausgelaufen. Zielhafen ist Dampier."

Herrgott! Vor einer Stunde.

„Aber, wo um Himmels willen hat die *Finisterra* denn gelegen?"

„Am Pier von Fort Hill, Sir."

„Danke!"

Ich legte auf. Der Pier von Fort Hill, warum hatte ich daran nicht gedacht? Statt den ganzen Hafen abzulaufen, hätte ich gleich dort suchen müssen! Vor einer Stunde waren sie abgesegelt. Es war jetzt 10 Uhr 30. In neunzig Minuten mußte ich auschecken, das Hotel verlassen. Ich gab mir einen Ruck.

Hatte Stuart die Taschen voller Geld, als er vor mehr als hundert Jahren in Adelaide aufbrach, um den Kontinent als erster Mensch von Süd nach Nord zu durchqueren? Brauchten Burke und Wills Geld, um den Gulf of Carpentaria zu finden? Natürlich nicht; das waren Abenteurer, hartgesottene Burschen, die von einem unbändigen Tatendrang vorwärts getrieben wurden. Und damals gab es nirgendwo Ortschaften, Tankstellen, Farmen oder Hotels, auch keine bekannten Wasserlöcher!

Als ich kurz vor zwölf Uhr das Hotel verließ, hatte ich mich innerlich selbst überzeugt, daß zehn Dollar und fünfunddreißig Cent ausreichen würden, um von Darwin nach Brisbane oder Sydney zu kommen. Ich würde zwar nicht in die Geschichte eingehen, doch ich würde es schaffen, da war ich mir sicher! Trotzig schulterte ich Segeltasche und Kamerakoffer und schlurfte los.

Der lange Weg durch die Wüste

34 Grad im Schatten. Luftfeuchtigkeit 98 %. Jeans und T-Shirt klebten am schweißtriefenden Körper. Die Nylongurte der Segeltasche scheuerten an meiner Schulter. Darwin schien sich unendlich zu dehnen, zumindest kam es mir so vor. Mit dem Mietwagen wäre ich in zehn Minuten draußen im „Outback" gewesen. Jetzt war ich schon über eine Stunde unterwegs und hatte immer noch

nicht den Stadtrand erreicht.

An der Abzweigung zum Fanny Bay Race Course, der Pferderennbahn, warf ich das Gepäck von der Schulter und ließ mich erschöpft im Schatten eines Tamarindenbaumes auf den Boden plumpsen. Meine Kehle war wie ausgetrocknet. Dutzende von Fliegen versuchten sich auf mir niederzulassen. Verärgert wischte ich sie beiseite. Vergebene Liebesmüh. Auf dem Stuart Highway war wenig los. Wer fährt auch ausgerechnet von Darwin *down the track* in Richtung Süden? Das Wasser in meiner Feldflasche war lauwarm und schmeckte nach Plastik. Ich rappelte mich auf, stopfte das Hemd in die Hose und kämmte das durchgeschwitzte Haar. Wenn einer anhielt, sollte er wenigstens einen positiven Eindruck von mir haben.

Zögernd hob ich den Daumen und streckte den rechten Arm aus, als endlich ein Wagen auftauchte. Vielleicht hätte ich mir vorher ein Schild malen sollen: „Student nach Sydney – 1000 Witze“. Ein roter Holden kam heran. Am Steuer eine Frau. Sie fuhr vorbei. Der erste Versuch war also danebengegangen. Nur nicht den Mut verlieren! Ich hob wieder den Daumen. Vier, fünf weitere Wagen rauschten an mir vorbei.

Warum stoppte denn niemand? Sah ich etwa wie ein Straßenräuber aus?

Der achte Wagen hielt. Ein klappriger zerbeulter Kombiwagen.

„Wohin willst du, Jungchen?“ fragte mich der alte Mann am Steuer.

„Nach Sydney, Sir“, antwortete ich in meinem allerbesten Englisch. „Würden Sie mich ein Stück mitnehmen?“

Er nahm seine abgekaute Stummelpfeife aus dem Mund und pfiff kopfschüttelnd durch die Zähne.

„Was, nach Sydney willst du? Durch die Wüste?“

Als ob es eine andere Strecke gäbe!

„Nun ja, Sir“, hörte ich mich sagen, „ich denke schon, daß ich nach Sydney will.“

„Wirf dein Zeug hinten rein. Ich nehme dich ein Stück mit – bis Adelaide River, das ist etwa sechzig Kilometer von hier.“

Termitenhügel

Immerhin ein Anfang, dachte ich, verstaute meine Habseligkeiten auf dem verstaubten Vehikel und setzte mich auf den Beifahrersitz.

Der alte Mann fuhr los. Er erzählte, daß er auf einer Rinderfarm arbeite und einen Diesel-Generator in die Werkstatt nach Darwin gebracht hatte. Nach einer knappen Stunde stoppte er an einer Abzweigung.

„Tut mir leid, Junge. Weiter kann ich dich nicht mitnehmen." Ich zerrte meine Sachen aus dem Fond und winkte dem Alten nach, der, eine Staubwolke hinter sich herziehend, in der Ferne verschwand.

Ich setzte mich auf meinem Kamerakoffer in Positur und hielt wieder meine Daumen in die schwüle Luft. Ein grauer Datsun bremste neben mir ab und hielt dreißig Meter weiter. Ich lief hin.

„Wohin fahren Sie?" fragte ich den Fahrer.

„Katherine!"

„Kann ich mit?"

„Klar, Kleiner, sonst hätte ich wohl nicht angehalten." Ich nickte, holte mein Gepäck und lud es ein. Der Fahrer trug eine blaue, verwaschene Latzhose und eine speckige Kappe auf dem Kopf. Er gehörte zu jener Gattung Mensch, die stundenlang schweigen konnten. Also hielt auch ich meinen Mund und döste vor mich hin. Die Hitze machte mich völlig fertig. Ich schlief ein . . .

„Aussteigen, Kleiner! Endstation!"

Mit verschlafenem Blick schaute ich den Fahrer an. Draußen war es stockfinster.

„Wo sind wir?"

„Kurz hinter Katherine. Ich fahre jetzt links ab."

Mir blieb nichts anderes übrig, als mein Gepäck aus dem Kofferraum zu holen.

„Vielen Dank, Sir, nett daß Sie . . ."

Er gab Gas, ohne mich ausreden zu lassen. Bald verloren sich die Rücklichter des Wagens in der Nacht.

Da stand ich nun. „In the middle of nowhere", wie die Engländer sagen – in der Mitte von nirgendwo. Grillen zirpten, Frösche quakten – sonst war es still. Ich kramte die Landkarte heraus und faltete sie auseinander. Im schwachen Schein meines Feuerzeugs suchte ich den Ort Katherine. Da – da war ich – gut 270 Kilometer südöstlich von Darwin. Nicht schlecht für den Anfang. Aber mein Magen meldete sich jetzt knurrend. Proviant hatte ich nicht gekauft, weil ich ja mit meinem „Vermögen" haushalten mußte. Die Umgebung schien flach zu sein. Ein paar Büsche und Bäume, mehr konnte ich in der Dunkelheit nicht erkennen. Ich schulterte Segeltasche und Kamerakoffer und suchte einen geeigneten Platz für die Nacht – weit genug entfernt vom Highway, um ruhig schlafen zu können. Überall war dürres Gras und trockene Erde; es war also gleich, wo ich mich hinlegte. Ich breitete die zwei schwarzen Plastikmüllsäcke aus und legte meinen Schlafsack darauf. Als Kopfkissen schob ich mir die Segeltasche zurecht. Vor Krokodilen war ich hier sicher, das war klar. Alle anderen Tiere waren mir unwichtig. Mit diesem beruhigenden Gefühl schlief ich ein . . .

Der Morgen im Busch war wie der dritte Tag der Schöpfungsgeschichte. Die ersten Strahlen der Sonne verliehen der Halbwüste einen leuchtenden, goldenen Schein. Auf den dürren, weißen Grashalmen glänzten Tautropfen. Zwischen den Bäumen – wie abstrakte Skulpturen aus einer anderen Welt – ragten die Festungen der Termiten auf, mannshohe Monumente aus rotbrauner, steinharter Erde. Die Stille wurde jäh durch das Lachgeschrei eines Kookaburras unterbrochen, das aber verstummte, als ein Schwarm smaragdgrüner Wellensittiche sich unweit von mir auf einem knorrigen Eukalyptusbaum niederließ. Ich saß auf meinem Schlafsack und tastete meinen schmerzenden Rücken ab. Gewiß, mitten in unberührter Natur zu erwachen war schon ein überaus erhabenes Gefühl – wenn da nur nicht diese Leere im Magen gewesen wäre. Ich trank einen Schluck Wasser aus der Plastikflasche und versuchte, mein Hungergefühl zu unterdrücken. Ein kleiner Spaziergang wäre jetzt das richtige, dachte ich und rollte meinen Schlafsack zusammen. Erst im letzten Moment bemerkte ich einen hellgelben, fast zehn Zentimeter langen Wüstenskorpion, der sich träge auf einem der Müllsäcke räkelte. Wahrscheinlich hatte er die ganze Nacht neben mir verbracht. „Was soll's", redete ich mir ein, „solange keine Todesotter zu mir in den Schlafsack kriecht, um sich an mich zu kuscheln, ist die Sache schon in Ordnung."

Neben einem Termitenhügel entdeckte ich, halb im Boden eingegraben, ein rundes stacheliges Wesen mit kurzem Stummelschwanz. Das konnte nur ein „Ant Eater", ein stacheliger Ameisenfresser, sein. Der kleine, kauzige Bursche schien mich überhaupt nicht zu bemerken. Er stieß seine spitze Schnauze tief in die Gänge des Termitenbaus und fischte mit seiner klebrigen Zunge eine Termite nach der anderen heraus. Vorsichtig schob ich meine Hand unter den pelzigen Bauch des Ameisenigels und versuchte ihn aus der Mulde zu heben. Blitzschnell rollte er sich zu einer Kugel zusammen und richtete seine grauweißen Stacheln auf.

Ein Ameisenigel auf Termitenjagd

Im Gegensatz zu unseren heimischen Igeln gehört der „Ant Eater" zu den Kloakentieren. Das befruchtete Weibchen legt ein Ei und schleppt dieses dann wie ein Känguruh in einem Beutel mit sich herum. Es dauert ungefähr eine Woche, bis der winzige, zehn bis zwölf Millimeter große Embryo allein die Schale aufbricht und es sich im Beutel der Mutter bequem macht. Dort wird das Junge noch viele Wochen gesäugt, bis es in der Lage ist, allein umherzustreifen und Jagd auf Ameisen, Termiten, Würmer und Schnecken zu machen.

Ich ließ den Ameisenigel weiter schnabulieren, packte mein Zeug in die Segeltasche und verließ das „Hotel zur roten Erde". Zweihundert Meter der Sonne entgegen lag der Highway. Nach Katherine zurückmarschieren, um dort ausgiebig zu frühstücken, war sicher eine gute Idee, doch wußte ich nicht, wie weit der Ort entfernt lag. Der nächste bewohnte Fleck war nach der Landkarte Daly Waters, rund 260 Kilometer weiter südlich gelegen.

Da stand ich nun mit meinen drei Problemen: Ich hatte so gut wie kein Geld, hatte Hunger wie ein Wolf und wußte nicht, wie es weitergehen würde. Mutlos hockte ich mich auf meinen Kamerakoffer und blickte den Highway hinauf und hinunter. Von Katherine her näherte sich eine Staubwolke, die rasch größer wurde. Das konnte nur einer dieser gewaltigen Trucks, ein *road train*, sein. Ich sprang auf und hielt dem herandonnernden Lkw-Monster meinen ausgestreckten Daumen entgegen.

„Halt an, Junge, nimm mich mit, egal wohin!"

Vroommhhh! Nur ein entschlossener Sprung zur Seite verhinderte, daß mir der Truck den Daumen abfuhr. Staub und Dreck flogen mir ins Gesicht. Minuten später war die Sicht wieder halbwegs klar, hatte sich der *road train* im Dunst des Horizonts aufgelöst. Ich klopfte mir den Staub von der Kleidung und schimpfte wie ein Rohrspatz über mich selbst, meine Situation und natürlich über den rüden Fahrer, dem es sicherlich Spaß gemacht hatte, mit Tempo hundert an mir vorbeizudröhnen.

Irgendwo im Nirgendwo – Straße im Outback

Gut eine Stunde später stoppte ein alter Leyland-Truck. Die Blechkiste war so verdreckt, daß es unmöglich war, ihre ursprüngliche Farbe zu erraten.

„Hallo, Sir", grinste mich der Fahrer an, „wo soll's denn hingehen?"

„Nach Sydney", erwiderte ich trotzig.

„Mächtig langer Weg bis dorthin. Kannst mitfahren bis Daly Waters, wenn du willst. Dort biege ich ab nach Borroloola. Das ist am Golf von Carpentaria."

Ich warf meine Sachen auf die Ladefläche und kletterte ins Fahrerhaus.

„Ich heiße Murphy", sagte der Fahrer, „arbeite für die Kulgara Mining Corporation, guter Job."

„Du kannst mich Bernie nennen", stellte ich mich vor.

Der Fahrer war ein recht sympathischer Typ, ein Halbblut. Seine Mutter war eine Aboriginal, sein Vater Weißer. Gesehen hatte er ihn allerdings nie. Es war einer dieser dort so häufig vorkommenden Geschichten: Weißer Minenarbeiter oder Prospektor verführt junges, unerfahrenes Aboriginal-Mädchen und macht sich dann aus dem Staub.

Murphy war mit seiner Mutter von Mount Isa nach Katherine gezogen und dort ein paar Jahre zur Schule gegangen. Schon mit vierzehn arbeitete er als Viehhirte auf einer Rinderfarm. Jobbte zwischendurch als Schwellenleger bei der Eisenbahn, als Holzfäller, Bauarbeiter und Baggerführer und fuhr jetzt seit zwei Jahren als Trucker für die Kulgara Mining Corporation. Es war kein Traumberuf, aber er kam zurecht – im Gegensatz zu vielen anderen Eingeborenen, die teilweise am Rande der Städte in Baracken und halbverfallenen Hütten hausen, alkoholabhängig sind und ein Schattendasein fristen.

Murphy war unheimlich redselig. Ich glaube, er war sogar froh, daß ich mit ihm fuhr und ihm zuhörte. Er war dreiundzwanzig Jahre alt, hatte 436 Dollar und 72 Cent auf dem Sparbuch, träumte von einer kleinen Farm, von blonden Frauen, einer Familie mit vielen Kindern und einem japanischen Mittelklassewagen.

Kurzum, als wir in Daly Waters vom Stuart Highway abbogen, kannte ich fast sein ganzes Leben und wußte über all seine Verwandten Bescheid. Bis Borroloola hatte er noch 378 Kilometer zu fahren. Er schüttelte mir zum Abschied herzlich die Hand, wünschte mir viel Glück und schenkte mir zwei Sandwiches mit gekochtem Schinken aus seiner Brotbüchse. Dafür hätte ich ihn umarmen können.

Ich machte es mir am Straßenrand bequem und kaute genüßlich die Sandwiches. Mit dem so gefüllten Magen schmeckte selbst das lauwarme Wasser aus der Plastikflasche wie ein eisgekühlter Milch-Shake oder eine Cola.

Daly Waters war eine Viehstation, sonst nichts. Dort wo der Carpentaria Highway nach Borroloola abzweigte, gab es immerhin eine Tankstelle. Ich kaufte zwei Pakete „Arnott's Biscuits" und fünf Äpfel, die der Tankwart als Sonderangebot führte.

Wer in Australien eine Outback-Tankstelle ansteuert, hat das Recht, dort zu duschen. Ich hatte zwar keinen Wagen und konnte demzufolge auch nicht tanken, machte aber trotzdem von diesem Recht Gebrauch. Das Wasser für die Dusche kam aus einem großen Wellblechtank, der neben dem Schuppen stand. Das Wasser war warm und erfrischte kein bißchen. Es spülte lediglich den roten Staub vom Körper. Ich gönnte mir noch eine Rasur, zog ein frisches Hemd an und fühlte mich auf einmal wieder ganz toll. Frisch gewaschen und glatt rasiert wie ich nun war, würde bestimmt der erste Wagen anhalten und mich bis zur Küste, nach Rockhampton oder Townsville mitnehmen.

Natürlich war das nicht der Fall. Die wenigen Wagen, die meinen ausgestreckten Arm passierten, waren entweder Farmer aus der Umgebung oder Arbeiter, die irgendwo im Umkreis von hundert Meilen in der Wildnis schufteten. Es passierte nichts. Ich saß am Straßenrand und starrte nach Süden, wo sich am Horizont das schnurgerade, staubige Band des Highways verlor. Die Sonne hatte ihren höchsten Stand erreicht. Das Thermometer zeigte bestimmt 42 oder 45 Grad im Schatten an – wenn man welchen hatte! Ich füllte bereits zum zweitenmal an der Tankstelle meine

Ein „road train" wird beladen

Plastikflasche mit lauwarmem Wasser auf und legte mich im Schatten eines Baums auf die Segeltasche. Die Hitze lullte mich ein. Anfangs versuchte ich noch, die Fliegen, die es sich auf meinem schweißnassen Körper bequem machten, beiseite zu fegen, später gab ich's auf und ließ sie gewähren.

Als die Schatten der Eukalyptusbäume allmählich länger wurden, stellte ich mich wieder an den Straßenrand. Doch es kam kein einziges Auto. Kurz vor Sonnenuntergang hatte ich endlich Glück. Ein Holden mit angekoppeltem Wohnwagen hielt. Die Insassen: ein nicht mehr ganz junges Ehepaar, ein schmuddeliges Kleinkind, ein zotteliger, stinkender Hund, zwei Katzen und etliche undefinierbare Gegenstände – ein Chaos auf Rädern!

„Wohin wollen Sie?"

„Nach Sydney!"

„Wir auch."

Die zwei Worte der Frau klangen für mich wie eine von Engeln gesungene Melodie, eine Fügung des Himmels.

„Sie können ein Stück mitfahren."

„Prima", sagte ich erfreut.

Aber wo sollte ich sitzen? Vorne saß das Ehepaar, hinten, mitten im Durcheinander aus Spielzeug, Decken, Tüten und schmutziger Wäsche, hockten Hund, Katzen und Kind.

„Das Gepäck können wir im Wohnwagen unterbringen."

Mich vielleicht auch, hoffte ich. Doch auch im Wohnwagen herrschte ein unbeschreibliches Durcheinander. Nur mit Mühe konnte der Fahrer meinen Kamerakoffer und die Segeltasche hinter die fast aus den Scharnieren platzende Tür quetschen. Für mich fand sich ein winziges Plätzchen auf dem Hintersitz, wo der Hund gleich freudig mein verschwitztes Gesicht abzuschlecken begann, kaum daß der Wagen anruckte.

„George, mein Mann, war drei Jahre in Darwin stationiert. Er war bei der Navy. Jetzt will er sich in Sydney einen Job suchen. Wohnen werden wir bei meinen Eltern. Ich bin Judy und komme eigentlich aus Newcastle. Unser Kleiner ist zwanzig Monate alt und heißt Toby. – Toby, sag dem Onkel guten Tag..." Toby zerrte seinen klebrigen Schnuller aus dem Mund und schlug mir zur Begrüßung seine rosa Rassel auf die Nase.

„Freundlicher kleiner Kerl", sagte ich.

Judy strahlte. George strahlte ebenfalls. Der Hund steckte seine feuchte Schnauze unter meine linke Schulter und nagte an meinem Hemd. Eine der Katzen fauchte mich an, und Klein-Toby versuchte mir seinen Schnuller ins Ohr zu drücken. Die Fahrt konnte lustig werden.

„Es ist das erstemal, daß wir einen Anhalter mitnehmen", plapperte Judy los. „Eigentlich wollten wir ja fliegen. Aber mit dem Kind und den Tieren ist das nicht so einfach . . ."

Der Wagen schlingerte und holperte plötzlich, was Judy davon abhielt, weiter auf mich einzureden.

„Ich glaub' wir haben 'ne Panne, George."

Tatsächlich, der rechte Hinterreifen war platt wie ein Pfannkuchen.

„Habt ihr Werkzeug dabei?", fragte ich die beiden.

„Aber ja, es ist alles im Kofferraum."

Nach zwanzig Minuten fanden wir den Wagenheber in einem Wäschesack im Wohnwagen. Den Radmutterschlüssel entdeckten wir zwischen angebrochenen Cornflakes-Schachteln, Cornedbeef-Dosen und Schwimmflossen unter der Schlafcouch.

George hatte zwei linke Hände, doch die Taschenlampe konnte er ganz gut halten. Während ich den Reifen wechselte, versuchte Judy einen mit Milch angerührten Brei in Klein-Toby hineinzulöffeln. Das meiste ging daneben. Doch das merkte ich erst, als ich wieder mit Hund, Katzen und Kind um einen guten Platz auf der Hinterbank rangelte. Ich fand einen – mitten in Tobys Haferbrei.

Wir waren vielleicht fünf Meilen gefahren, da platzte vorne ein Reifen. George blieb gelassen und ließ den Holden langsam ausrollen.

„Habt ihr einen zweiten Ersatzreifen dabei?"

„O ja", zwitscherte Judy, „aber den haben wir hinter Adelaide River auf einem Campground vergessen."

„Was tun wir jetzt?" wollte ich wissen.

„Ich weiß auch nicht, was wir machen sollen."

George wußte scheinbar nie, was er machen sollte. Aber dafür hatte er ja Judy. Doch selbst die hatte diesmal keine Idee, wie es weitergehen sollte. Ich holte meine Karte heraus. Bis Dunmarra, der nächsten Viehstation am Stuart Highway, waren es nicht mehr als fünf, sechs Meilen.

„Wenn wir ganz langsam fahren, schaffen wir es auf der Felge bis Dunmarra. Der Reifen ist dann zwar hin, aber ihr könnt ja dort den Ersatzreifen flicken lassen", versuchte ich George zu trösten.

„Na gut", sagte Judy spontan, „versuchen wir es."

Wir stiegen ein und holperten im Schrittempo durch die stockfinstere Nacht. Über eine Stunde brauchten wir bis Dunmarra. Zu meiner Überraschung gab es hier eine Tankstelle mit Snackbar. Judy und George stellten ihr marodes Gefährt auf den Parkplatz hinter der Tankstelle ab und kletterten in den Wohnwagen. Ich nutzte die Gunst der Stunde und schwang mich in der Snackbar auf einen wackligen Hocker. Außer dem greisen Barkeeper war niemand anwesend. Die bestellte heiße Fleischpastete schlang ich schnell und gierig hinunter. Noch zwei Tassen Tee obendrauf, und ich fühlte mich wieder fit.

Als der alte Mann gegen Mitternacht die Tür hinter mir zusperrte und das Licht ausschaltete, trottete ich mit meinem Gepäck durch die Finsternis und suchte mir weit weg von Judy und George ein lauschiges Plätzchen für den Rest der Nacht.

Diesmal weckte mich nicht das schrille Gelächter eines Kookaburras in der Frühe, sondern das laute Hupen eines vorbeirasenden *road trains*, dessen Fahrer dem Tankwart mit seiner Vierklangfanfare ein Ständchen geben wollte. Ich rappelte mich auf, spülte den faden Geschmack im Mund mit einigen Schluck Wasser hinunter und kaute lustlos meine Kekse. Meine Mitfahrgelegenheit war fort – das erkannte ich ziemlich schnell. Weiß der Teufel, wie sie es geschafft hatten, ob mit Ersatzreifen oder ohne, jedenfalls stand der Holden samt Wohnwagen nicht mehr dort, wo ich ihn die Nacht zuvor das letztemal gesehen hatte.

„Schei . . . benkleister!" Wütend trat ich gegen eine verrostete

Blechbüchse. Bewegung tut gut, sagte ich mir, ergriff die Segeltasche und den Kamerakoffer und machte mich auf den Weg. Der Highway war schnurgerade und breit wie eine Autobahn. Längst war der Magerasphalt von einer dicken Schicht Sand und rotbrauner Erde überzogen, durch die sich die Spuren von Autoreifen zogen.

Als die Sonne höher stieg und die Hitze die Luft flirren ließ, hatte ich schätzungsweise zehn bis zwölf Kilometer zurückgelegt. Ein einziges Auto fuhr an mir vorbei, leider in der falschen Richtung. Ich schaffte noch zwei, drei Kilometer, dann gab ich's auf. Ein kühles Bad in einem Fluß wäre jetzt die ideale Erfrischung gewesen. Statt dessen lehnte ich mich gegen einen Felsen unter einem hohen Geister-Eukalyptus. Ich war fertig! Die Hitze war unerträglich, selbst im Schatten. Ich war drauf und dran, die Wasserflasche bis auf den letzten Tropfen auszusaugen, konnte mich aber beherrschen.

Im Geäst über mir spielten zwei Geckos „Fangen". Ein paar weißrosa Nasenkakadus kreisten auf der Suche nach Nahrung über dem trockenen Buschland. Fliegen krochen mir in Nase und Ohren. Sie störten mich nicht mehr. Der Tag siechte träge dahin. Für kurze Zeit leistete mir eine Eidechse Gesellschaft. Ein paar Autos, in Staubwolken eingehüllt, rasten vorbei. Sonst geschah nichts. Ich war zu müde und erschöpft, um mich an den Straßenrand zu stellen. Im Schatten des Baumes blieb ich bis zum Abend liegen. Die kurze Phase der Dämmerung nutzte ich, um nach Autos Ausschau zu halten. Doch es kam einfach keines. Ich machte mir ein kleines Feuer, aß ein ganzes Paket Kekse und spülte die trockenen Dinger mit dem letzten Schluck Wasser hinunter.

Morgen geht's bestimmt weiter. Morgen nimmt dich der erste Wagen mit, der kommt – mit diesem Gedanken schlief ich ein.

Trucks, Termiten und tote Känguruhs

Nicht der erste nahm mich mit, sondern der dritte. Wieder war es ein Lkw. Der Fahrer, ein bulliger Typ in Shorts, T-Shirt und Sandalen war auf dem Weg nach Alice Springs, einer Stadt mitten im roten Zentrum Australiens.

In Three Ways, wo der Barkley Highway nach Osten abzweigt, befindet sich das John Flynn Memorial, ein Gedenkstein, der hier zu Ehren des bekannten australischen Entdeckers aufgestellt wurde. Hier war nach langer Zeit wieder ein bißchen Leben. Ein paar Leute machten Fotos: Papa und Sohn vor dem Denkmal. Die üblichen Klick-klack-Bilder fürs Familienalbum.

John Dennis, mein Fahrer, spendierte mir im nahe gelegenen Highway Inn zwei Cola und ein Ginger Ale.

„Für den kleinen Durst", sagte er augenzwinkernd.

Um gegen den großen Durst gewappnet zu sein, kaufte er etwa zwanzig Softdrinks, die er zusammen mit zwei Eisbeuteln in einer Styroporbox verstaute.

„Bis ‚Alice' sind's über fünfhundert Kilometer. Da werden wir viel Staub schlucken."

Ich nickte nur und schluckte den letzten Bissen eines Apfels hinunter. Ich freute mich auf die Fahrt. John Dennis schien ein dufter Kumpel zu sein. Er wollte in Alice Springs einen 40-Fuß-Container aufsatteln, der mit dem Zug aus Adelaide kommen sollte.

„Solange die ihre geplante Strecke nach Darwin nicht verlängern, haben wir Trucker einigermaßen zu tun. Falls sie wirklich versuchen, den Schienenstrang am Highway entlang zu legen, dann glaub' mir eines: Die Truckies werden ihnen jede einzelne Schwelle herausreißen – notfalls mit Dynamit."

Wie ein Schiff durchschwamm sein *frightliner* das endlose Meer aus Trockengras und Sand. Auf der staubverwehten Asphaltpiste

Tierkadaver gehören zum Landschaftsbild

lagen breitgefahrene Känguruhkadaver wie bei uns tote Katzen oder Kaninchen. Über sentimentale Tierschutz-Aufkleber wie „Ich halte für Rehwild" können australische Trucker nur lachen. Den „Güterzügen der Highways" fallen allein auf dem berüchtigten Stuart Highway jährlich Hunderte von Rindern, Känguruhs und Emus zum Opfer. Kein Trucker würde seinen Fuß auch nur einen Millimeter vom Gaspedal nehmen, wenn eines dieser Tiere die Fahrbahn kreuzt.

„Nicht mal knacken hörst du's, wenn dir so ein Känguruh gegen dein *bull bar* knallt", erklärte mir Dennis grinsend. „Was glaubst du, was passieren würde, wenn ich abbremse?"

„Keine Ahnung."

„Die ganze Ladung käme ins Rutschen und würde sich dir in den Nacken schieben. Halt du mal sechzig Tonnen Stahlrohre oder Weizen auf. Nein danke, da sag ich lieber: *Sorry*, Mr. Känguruh, das nächstemal paßt du besser auf und schaust, ob nicht John

55

Dennis mit seinem *road train* den Highway unsicher macht."

Die Tierkadaver am Highway häuften sich: mumifizierte Häute mit sonnengebleichten Knochen, übersät mit Millionen von Fliegen.

John Dennis erzählte vom *cattle country*, von „Farmen, so groß wie jolly old England". Die Weideflächen haben solch gewaltige Ausmaße, daß die Rinder mit dem Helikopter zusammengetrieben werden müssen. „Hier weidet unser Nationalgericht: Steak. Dagegen ist das Zeug aus Argentinien ein Mist", grinste John.

Er hatte den Satz noch nicht zu Ende gesprochen, da drifteten aus dem Nichts vor uns drei Kühe über die Fahrbahn. John ließ seine Signalhörner losbrüllen. Zwei Kühe retteten sich durch einen Sprung in den Straßengraben, die dritte klatschte wie eine Fliege gegen das stählerne Rammgestänge des Trucks. Instinktiv riß ich den Arm vors Gesicht.

„Das gibt ein schönes Gemüse", stellte John trocken fest. „Ich halt' mal an und schau nach, ob der Kühler nicht durchgeschlagen ist."

Er schaltete runter, nahm das Gas weg und ließ den Semi-Trailer am Straßenrand ausrollen. Wir stiegen aus. *Bull bar* und Motorhaube waren über und über mit Blut bespritzt. „Der Bulle muß abgeprallt sein wie ein Pingpongball. Jedenfalls der Kühler hat nichts abgekriegt. Laß uns weiterfahren. Ich will heute noch nach ‚Alice' kommen."

Auf halbem Weg zwischen Tennant Creek und Barrow Creek liegen die „Devil's Marbles", die Murmeln des Teufels. Es war früher Nachmittag, als wir sie rechts vom Highway erblickten.

„Die sind ja sagenhaft", rief ich.

„Ja, das sind sie, diese Steinchen. Die Abos erzählen, es wären die Eier der ‚Regenbogenschlange'. Für mich sind's einfach nur runde Felsblöcke, nichts anderes als eine Straßenmarkierung, die mir sagt, daß es noch über zweihundert Meilen bis Alice Springs sind."

Die riesigen, fast kreisrunden Felsen, die kreuz und quer übereinanderlagen, zogen mich magisch an.

„Bitte, halt an", rief ich John Dennis zu, „ich hab's mir überlegt. Statt nach Alice Springs möchte ich lieber hierbleiben. Wer weiß, ob ich hier je wieder vorbeikomme."

John schaute mich mitleidig an und stieg in die Bremse. „Verdammt", knurrte er, „ihr Deutschen seid doch alle verrückt. Was willst du hier bloß machen? Sind doch nur gottverdammte Steine, sonst nichts."

„Sie interessieren mich halt. Danke, John, daß du mich mitgenommen hast."

„Warte! Hier, nimm dir ein paar Softdrinks mit. Wasser gibt es nämlich bei den ‚Marbles' keines."

Ich war wieder allein und auf mich gestellt. Wie von Riesen aufgetürmt, häuften sich ein paar hundert Meter von der Piste entfernt, braun-ockerfarbene Felsen – rund wie Mozartkugeln. Als die Sonne tiefer sank, wechselten sie die Farbe. Zuerst in Rot, dann in Blauviolett. Von den glatten, abgerundeten Felsblöcken, die ich erklomm, konnte ich weit ins Land sehen. Aber es gab nur staubige Grasbüschel, dürre Sträucher und kahle Hügel. Ein einsamer, menschenleerer Ort.

Ich sammelte trockene Äste und zündete ein Feuer an. Jetzt konnte die Nacht hereinbrechen. Laut prasselte das Reisig. Der flackernde Schein des Feuers ließ die hohen Felskugeln lebendig werden. Ich starrte noch lange gedankenversunken in die zuckenden Flammen. Sie strahlten eine angenehme Wärme ab. Zu meinem Glück fehlte lediglich ein in der Pfanne brutzelndes Steak, gebraten nach Western-Art. Doch wie hieß es so schön in der westfälischen Country-Ballade? „...einsam und immer unterwegs, knabbert er den letzten Keks..." Und so hielt ich mich an meine „Biscuits" und an die Softdrinks von Trucker Dennis.

Die Wüste lebte, zweifellos. Ich rieb mir gerade den Schlaf aus den Augen und zählte gähnend die Moskitostiche der Nacht, als unvermittelt eine riesenhafte Echse auf mich zutappte. Ich dachte, mich trifft der Schlag. Ein Waran, gelb-grün gefleckt. Das Biest hatte mindestens die Höhe eines Bernhardiners und war fast zweieinhalb Meter lang. Die dünne violette Zunge zuckte immer wieder aus seinem Rachen. Konzentriert beobachtete mich das urzeitliche Monster und kam dabei immer näher. Seine Zischlaute klangen bedrohlich.

Jetzt nur nicht die Nerven verlieren, versuchte ich mich zu beruhigen, er ist bestimmt harmlos und hat genausoviel Angst wie du.

Ich stand vorsichtig auf und wich langsam – die Echse fixierend – zurück. Der Waran bewegte sich schneller. Ich begann rückwärts zu laufen, stieß gegen einen Stein und stürzte, wie von einem Boxhieb getroffen, zu Boden. Rascher als der Waran reagieren konnte, war ich wieder auf den Beinen, packte eine Handvoll Sand und Steine und schleuderte sie wütend in seine Richtung.

„Hau ab, du Mistvieh!"

Die Angst machte mir Mut. Ich riß einen abgebrochenen Ast hoch und schlug damit schreiend auf den Sand. Offensichtlich beeindruckte diese verzweifelte Geste die Echse. Sie zischte mir noch einmal drohend zu, warf sich herum und huschte davon. Ich

Waran-Attacke bei den Devil's Marbles

trank erst mal eine Cola und aß ein halbes Paket Kekse, um mich wieder zu beruhigen. Das Outback steckte wirklich voller Tücken. Eine Stunde später stand ich am Highway und hoffte auf eine baldige Mitfahrgelegenheit.

Zum Glück mußte ich nicht sehr lange warten. Ein Lkw tauchte auf und nahm mich zurück zum Three Ways Inn. Dort waren die Chancen, zur Küste mitgenommen zu werden, aussichtsreicher als an den einsam gelegenen „Devil's Marbles".

Am John Flynn Memorial lungerten ein paar Tramper herum: hohe Rucksackgestelle mit aufgeschnallter Gummimatte, Schlaf-sack, Proviant, Wasserflaschen und Gitarre. Ein halbes Dutzend Leute. Zwei von ihnen waren schon seit drei Tagen hier und warteten noch immer auf einen *lift*. Sie alle wollten nach Darwin, ich nach Sydney – immer noch! Ich besaß noch drei Dollar und fünfundsechzig Cent. Kein Vermögen, aber genug für eine Dose *root beer* – eine Art Limo – aus dem Automaten an der Tankstelle.

Ich hatte die Dose noch nicht ganz ausgetrunken, da geschah etwas ganz Verrücktes, Einmaliges. Zuerst dachte ich, ich hätte einen Sonnenstich oder Halluzinationen. Das konnte doch nicht, nein, das durfte doch nicht wahr sein! Ein rotverstaubter Holden mit Wohnwagen rollte vor. Judy und George, Klein-Toby und der Hund stiegen aus.

„Hi Judy, hallo George!"

„Hi Bernard."

„Daß ich euch noch mal wiedersehe! Wieso seid ihr denn neulich so sang- und klanglos abgehauen? Und wollt ihr immer noch nach Sydney?"

„Natürlich", sagte Judy, „wohin denn sonst? Übrigens, das mit dem Abhauen mußt du nicht so eng sehen! Wir wollten einfach schnell weiter!"

„Könnt ihr mich wieder ein Stück mitnehmen in Richtung Küste?"

„Aber sicher doch", antwortete Judy für George, „steig schon mal ein."

Besser schlecht gefahren, als gut gelaufen, ermunterte ich mich, klemmte mich zu Hund und Katzen auf den Hintersitz und nahm Klein-Toby auf den Schoß. So hatte ich wenigstens mehr Sitzfläche. Toby war hocherfreut, mich zu sehen. Da er keine Rassel hatte, patschte er mir seine klebrigen Händchen ins Gesicht. Sie schmeckten nach Marmelade, Katzenhaaren und Schokolade. Toby grapschte nach meinen Ohren. Für ihn war ich nicht mehr als ein großes Spielzeug.

„Ich glaube, er mag dich", sagte Judy, die stolze Mutter, als wir wieder unterwegs waren, „er hat überhaupt keine Angst vor dir."

Für kurze Zeit holte Judy den Kleinen nach vorne und flößte ihm ein Fläschchen Zitronentee ein. Fünf Minuten später benutzte mich Toby wieder als Trampolin.

„Hoppe-hoppe Reiter . . ." – das gefiel ihm besonders gut. Er kreischte vor Vergnügen, und weil's so viel Spaß machte, strullerte er voll in seine Windel. Was die nicht aufsaugte, sickerte in meine Jeans.

Der Hund, der ab und zu über mich hinwegtappte, schien Flöhe zu haben, denn er versuchte sich häufig mit dem rechten Lauf den Bauch zu kratzen. Mir blieb aber auch nichts erspart!

Judy plapperte wie ein Papagei, und nichts konnte ihren Redefluß stoppen. Klein-Toby wurde neu gewickelt. Der Einfachheit halber warf man die vollgepinkelte Windel kurzerhand aus dem Fenster.

Beim nächsten Stop sprang eine der Katzen aus dem Auto und verschwand auf Nimmerwiedersehen im Busch. Wir suchten fast zwei Stunden nach ihr. Judy schien untröstlich zu sein. Als George ihr versprach, in Sydney eine neue Katze zu besorgen, konnten wir endlich weiterfahren.

In *Berry's Caves*, einem windschiefen Motor Inn, war für diesen Tag Endstation. Wir waren jetzt mitten in der Wüste. Außer Spinifex, dürrem Gras und vereinzelten, ausgedörrten Büschen wuchs hier nichts. Als die Nacht anbrach, suchte ich mir einige hundert Meter vom Wohnwagen entfernt einen Platz zum Schlafen. Zwar hatten mir die beiden angeboten, mit im Wohnwagen zu nächtigen, doch zog ich die Freiheit unter dem Sternengewirr der Milchstraße vor. Irgendwo heulten Dingos, wahrscheinlich waren sie genauso hungrig wie ich. Es wurde kalt, selbst im Schlafsack. Ich zog mir Socken, Hose und Pullover an und versuchte einzuschlafen, obwohl mir vor Kälte die Zähne klapperten.

Einsetzender Regen riß mich gegen Morgen jäh aus allen Träumen. Schnell raffte ich all meine Sachen zusammen und hastete zu dem Rasthaus hinüber. Es goß wie aus Kübeln. Vor Kälte bibbernd, kauerte ich mich unter den überdachten Eingang und deckte mich mit allem zu, was ich in meiner Segeltasche fand. Als es allmählich hell wurde, entdeckte ich gut zwanzig Meter entfernt eine Telefonzelle. Ich schleppte all mein Gepäck hinein und machte es mir auf dem Boden so bequem ich konnte. Wenigstens war ich hier vor Wind und Regen geschützt. Gegen sechs Uhr bekam ich allerdings einen Krampf im Bein. Ich mußte mich bewegen und hüpfte daher vor der Telefonzelle auf und ab, um die Durchblutung zu fördern. Plötzlich schossen vom Haus her zwei riesige Hunde auf mich zu. Ich hechtete zurück in die Telefonzelle und warf die Türe zu. Gerade noch rechtzeitig. Wütend, mit lautem Gebrüll, sprangen die aufgebrachten Tiere gegen die Glaswände.

„Haut ab!" brüllte ich mehr ängstlich als mutig. „Macht endlich, daß ihr wegkommt!" Ein Ausfallversuch scheiterte. Ich mußte noch über eine Stunde warten, bis jemand aus dem Haus kam und die Hunde zurückpfiff.

Judy schaute mich verstört an, als ich gegen die Tür des Wohnwagens hämmerte. Ich erklärte ihr meine Notlage.

„Komm rein! George macht dir einen Tee", sagte sie großzügig.

George improvisierte ein Frühstück. Judy lackierte ihre Fingernägel. Der Hund und die Katze schauten zu. Klein-Toby saß fast eine halbe Stunde auf dem Töpfchen. Er hatte Verstopfung und zeterte fürchterlich. Der Tag fing nicht gut an.

Gegen Mittag erreichten wir Camooweal, ein verlorenes, langweiliges Kaff in Queensland. Zweihundert Meilen weiter, in Cloncurry, stieg ich aus. Ich hatte die Nase voll – von Tobys undichten Windeln, seinen klebrigen Dauerlutschern, die er mir durch die Haare zog, dem Hund und seinen Flöhen. Judys ständiges Gerede ging mir auf die Nerven, und Georges Unbeholfenheit ließ mich schier verzweifeln. Hinzu kam ein Beinahe-Zusammenstoß mit einem *road train*. Ich versprach den beiden, sie in Sydney zu besuchen, doch das war eine glatte Lüge.

In Cloncurry pulsierte zwar nicht gerade das Leben, aber es gab wenigstens ein Pub, wo frisches Bier gezapft wurde. Nach drei Gläsern und zwei Tüten Erdnüssen hatte ich noch fünfzig Cent. Fünfundzwanzig warf ich in die Music-Box, den Rest steckte ich in den Pool-Billard-Tisch. Daß ich gar kein Geld mehr hatte, war mir irgendwie gleichgültig. *Jetzt* lebte ich, was morgen sein würde, interessierte mich nur am Rande.

Um zehn Uhr machte das Pub dicht. Drei Farmarbeiter nahmen mich mit bis Julia Creek. Ich lag zwischen einer verdreckten Moto-Cross-Maschine und einem halben Dutzend Zementsäcken eingekeilt und fror erbärmlich. Der eiskalte Fahrtwind biß an Ohren und Nase. Ich tastete herum und fand einen Motorradhelm, den ich mir überstülpte. So blieben wenigstens die Ohren einigermaßen geschützt.

Es mußte schon weit nach Mitternacht gewesen sein, als wir endlich in Julia Creek ankamen. Die Farmarbeiter fuhren weiter zu ihrer „station", die zehn Meilen entfernt lag. Julia Creek wirkte wie ausgestorben, nahezu gespenstisch. Nicht einmal ein Straßenköter bellte. Gut einen Kilometer trottete ich müde die staubige Piste hinunter, die nach Osten führte. Unter einem verdorrten Busch verbrachte ich schließlich den Rest der Nacht. Wegen der Kälte lag ich so nahe am Feuer, daß ich Angst hatte, mir den Schlafsack zu versengen. Geschlafen habe ich so gut wie nicht, weil ich ständig das Feuer nachschüren mußte. Dafür brauchte ich allerdings auch nicht zu frieren. An giftige Schlangen, Skorpione oder Spinnen dachte ich nicht eine Sekunde, nur daran, daß die verfluchte Nacht endlich zu Ende ging.

Zum Frühstück knabberte ich meine letzten Kekse und trank einen langen, gierigen Schluck aus der Plastikflasche. Das Wasser schmeckte fad, roch nach PVC und war lauwarm. Es mußte weitergehen. Irgendwie. Ich packte mein Zeug zusammen, klopfte den Staub von meiner Kleidung, kämmte das Haar und bewegte mich in Richtung Julia Creek – der „Zivilisation" entgegen.

Julia Creek war ein trostloses Kaff an den Ausläufern der Selwyn Range. Die Einwohnerzahl lag unter dreihundert. Es gab eine weißgepinselte Holzkirche, ein paar Läden, einen Pub und eine Landepiste für kleinere Flugzeuge. Sonst nichts. Ringsherum nur platter, sonnenverdorrter Boden und darüber wabernde Hitze – Outback eben. Bäume gab es nirgends. Nur spärliches, trockenes Gras. Dazwischen vereinzelt Sträucher mit graugrünen harten Blättern. Noch warfen die Sträucher lange Schatten. Es war vielleicht acht Uhr morgens. Doch die Hitze begann schon unerträglich zu werden. Bald würde das Thermometer auf 40 bis 45° C klettern.

Vor einer Autowerkstatt parkte ein riesiger Volvo-Sattelzug mit Kühlauflieger. Zwei Typen in kurzen Hosen und verschwitzten bunten T-Shirts machten sich an der Vorderachse des Trucks zu schaffen.

Vielleicht konnten die beiden mich ein Stück mitnehmen, vielleicht sogar bis zur Küste? Ich ließ Segeltasche und Kamerakoffer einfach auf den Boden fallen.

„Hallo, ihr zwei! Gibt's ein Problem?" fragte ich.

„Wir haben gerade die Reifen gewechselt und schauen nach, ob nirgendwo eine Blattfeder angebrochen ist", antwortete der mit dem struppigen Bürstenhaarschnitt.

„Wo fahrt ihr denn hin?"

„Fahre Kekse und Tomaten-Ketchup nach Rockhampton, komme gerade von Darwin." Rockhampton liegt an der Küste auf halbem Weg zwischen Cairns und Brisbane, überlegte ich schnell.

„Habt ihr noch 'nen Platz bei euch frei?"

„Klar, Junge, kannst mitfahren. Bin sowieso nicht gern allein unterwegs. Was bist du denn für einer?"

Ich nannte ihm meinen Namen, erzählte, daß ich aus Deutschland kommen würde und unbedingt nach Sydney wollte. Daß ich völlig pleite war, verschwieg ich vorsichtshalber.

„Also ich bin Bob, Bob Bennie. Und der Kerl da mit dem ölverschmierten Hemd ist Pat Werner. Ihm gehört diese lausige Garage, in der es noch nicht einmal kaltes Bier gibt. He, Pat, wie sieht's aus mit meinem ‚Baby‘? Hält es die Achse noch aus, bis wir in Rockhampton sind?"

Pat grunzte irgend etwas zurück und kroch unter dem Wagen vor.

„Wenn du nicht unbedingt mit Vollgas durch jedes verdammte Schlagloch düst, wirst du es schon schaffen."

Pat, ein baumlanger Mittdreißiger wischte sich mit seinem Halstuch den Schweiß aus dem Gesicht.

„Finde, jetzt könnten wir ein Bier gebrauchen. Dein neuer Beifahrer sieht aus, als ob er auch eins nötig hätte."

Wie recht er hatte. Ich fühlte mich ausgetrocknet wie eine Dörrpflaume. Meine Zunge war schon beinahe pelzig. „Spar dir deine laue Queensland-Brühe, Pat. Das Zeug können doch nur Dingos und Bullen saufen. Ich hab' ein paar Dosen bestes ‚KB‘ auf Eis liegen."

Lachend schwang er sich ins Führerhaus des Volvo, beugte sich zwischen die Sitze und warf uns zwei Dosen gutgekühltes „KB" zu, eine populäre Biersorte, die in Sydney gebraut wurde.

Ich trank die Dose leer, ohne abzusetzen.

„Junge, mußt du durstig sein. Ich glaub', du brauchst gleich noch eines."

Ich murmelte ihm ein Dankeschön zu. Nie zuvor hatte mir Bier so gut geschmeckt wie hier in Julia Creek!

Die beiden Trucker rauchten noch ein Zigarette und verabschiedeten sich dann herzlich voneinander.

„Weißt du", erzählte Bob, während er den fünften Gang reinhaute und die Häuser von Julia Creek langsam in der Monotonie des Outback verschwanden, „Pat hat selber lange auf dem Bock gesessen. Fuhr drei Jahre Kupfererze umher, drüben in W.A. – in Western Australia. Hat malocht wie ein Stier, vierzehn bis sechzehn Stunden am Tag und mehr, sechs Tage pro Woche und meistens auch noch sonntags. Wollte nur eins: Geld machen. Viel Geld. So viel, um sich eines Tages seinen eigenen Truck zu kaufen, um dann als selbständiger Fernfahrer noch mehr Kohle zu machen. Er kriegte seinen Truck und war glücklich. Dann lernte er, als er nach sieben Jahren Maloche das erstemal richtig Urlaub machte – und das auch nur, weil sein Truck einen Motorschaden hatte –, in Surfer's Paradise an der Goldküste so eine langweilige blonde Farmerstochter aus Hughenden kennen. Verliebte sich auch noch, der Narr. Heiratete. Verkaufte seinen über alles geliebten Truck, ein Ding mit allen Schikanen, zog mit seiner Blonden hier nach Julia Creek, in dieses Drecknest am Arsch der Welt. Lebt jetzt von seiner Garage, repariert den Leuten ihre Blechkisten und Traktoren. Abends hockt er in der Kneipe oder vor der Glotze. Was willst du sonst in diesem Nest machen?"

„Und", fragte ich, „ist er glücklich?"

„Glücklich!" Bob schüttelte sich vor Lachen und klatschte die Hände aufs Lenkrad. „Glücklich ist unsereins nur auf dem ‚Bock'

Ein „road train" auf der Strecke Julia Creek – Rockhampton

von solch einem Truck. Weiber sind zwar okay – solange sie einen nicht ins Standesamt schleppen wollen. Mich hat zwar auch eine überlistet, aber das ist ganz in Ordnung so. Ich hole mir meine Freiheit im Fahrtwind wieder. Und die spüre ich, wenn ich mit meinem ‚Baby' durch diese verdammte rote Staubwüste donnere."

Bobs Baby war ein Volvo F 12 Intercooler, ein sogenannter double – ein Ungetüm auf vierunddreißig Rädern. Hinter den aufgesattelten Kühlauflieger war noch ein Anhänger gekoppelt. Unter den Trailern hing ein knappes Dutzend Reservereifen, denn Reifenpannen gehören in Australien zum Trucker-Alltag. Der Volvo hatte 360 PS mit kombinierter Aufladung und Ladeluftkühlung. Abweichend von der Serie wurde das Fahrerhaus dieses PS-Ungetüms um acht Zentimeter höher gelegt, ein größerer Kühler eingebaut und die Blattfedern verstärkt. Die ohnehin recht „bullige" Front erhielt ein *bull bar*, einen aus Stahlrohren geschweißten speziellen Stoßfänger für Känguruhs, Kühe und Wasserbüffel. Gegen Steinschlag schützte ein Maschendrahtgitter Frontscheibe und Scheinwerfer. Mit dem Thermo-Auflieger und dem angekoppelten Trailer dürfte Bob Bennies *road train* eine Länge von gut fünfunddreißig Metern gehabt haben, bei einem Gesamtgewicht von etwa siebzig bis achtzig Tonnen.

Gefangene des Großen Regens

Von Julia Creek waren wir nach Süden gefahren, um auf den Landsborough Highway zu kommen, der direkt nach Rockhampton führte. Die Tachonadel hatte sich bei fünfzig Meilen – knapp achtzig km/h – eingependelt. Es war eine mörderische Fahrt über eine schlaglochübersäte Piste. Hinter uns zog sich eine Staubfahne von einigen Kilometern Länge hin. Die Vibration im Fahrerhaus war so stark, daß wir uns nur brüllend einigermaßen unterhalten konnten.

Gegen Mittag stießen wir auf den Landsborough Highway und bogen nach Südosten ab. Der Highway war eine „Waschbrett"-Piste mit fürchterlichen Querrillen. Er war nur wenig breiter als die Straße, auf der wir gekommen waren. Wir wurden mächtig durchgerüttelt und schluckten kiloweise Staub. Vor uns tauchte plötzlich eine kleine Staubwolke auf.

„Bestimmt irgend so ein Wahnsinniger, der mit seinem Pkw nach Darwin oder Mount Isa will", brüllte mir Bob Bennie ins Ohr. „Hoffentlich fährt der Idiot rechts ran und läßt uns vorbei, sonst Gnade ihm Gott!"

Tatsächlich, als wir näher kamen, entpuppte sich die Staubwolke als ein Pkw. Er scherte vom Highway ab und stoppte, um uns vorbeizulassen.

„Lassen wir sie roten Dreck fressen." Bob trat das Gaspedal durch bis zum Bodenblech und rauschte vorbei. Bevor der Wagen, ein klappriger Chevy mit aufs Dach geschnallten Benzinkanistern und Reifen in einer Wolke aus Staub und Steinen verschwand, ließ Bob dreimal die Vierklangfanfare aufbrüllen.

„Verrücktes Volk!" schrie er. „Was treiben die sich hier in der Gegend herum?"

Trotzdem hatte er den Leuten durch die geöffnete Scheibe zugewinkt. Das Ritual hatte natürlich seinen Sinn. In Australien ist es üblich, daß man einem *road train* generell die Vorfahrt läßt. Entgegenkommende Fahrzeuge verlassen meist die Straße, um den schwerfälligen 80-Tonnen-Monstern nicht in die Quere zu kommen. Außerdem gilt es, die Windschutzscheibe vor den aufgewirbelten Steinen zu schützen.

Bob Bennie war das, was wir als eine „Plaudertasche" bezeichnen würden. Er erzählte munter drauflos.

„Weißt du, Bernard, warum die Trucks so schwer und lang sind, hat einen einfachen Grund. Die von unserem lieben Regierungschef Bob Hawke, diesem arroganten Oxford-Zögling, befürwortete staatliche Regelung über eine festgesetzte Mindestfrachtrate versaut uns Fernfahrern den ganzen Job. Diese Mindestfrachtraten sind verdammt niedrig. Zudem geht, bedingt durch die lausige

Konjunktur, das Frachtaufkommen langsam, aber stetig zurück. Der Wettbewerb wird immer härter. Immer mehr Penner wollen mit einem Truck quer durch den Kontinent rasen und einen schnellen Dollar machen. Tja, und dann sind da auch noch die Jungs von der Bahn, die alles billiger transportieren."

Bob machte seinem Ärger Luft. Er kramte aus der zwischen den Schwingsitzen befestigten Kühlbox zwei Dosen Bier hervor. Eine für ihn, eine für mich. Er warf mir ein tiefgefrorenes Schinkensandwich zu, das ich mehr lutschte als kaute. Das kalte Weißbrot quoll noch in der Speiseröhre auf und konnte nur mit einem ordentlichen Schluck Bier in den leeren Magen gespült werden. Die leeren Dosen warfen wir aus dem Fenster, was auf den australischen Highways im Outback allgemein üblich ist. So gehören verrottete Bierdosen auf dem häufiger befahrenen Flinders Highway von Townsville nach Darwin schon fast zum Landschaftsbild.

„Wir sind die Säulen des Landes", begann Bob erneut. „Ohne uns Trucker läuft nichts. Wir Subunternehmer müssen uns eine Menge gefallen lassen. Oft wartest du stundenlang in einer Kolonne von Trucks, bis dich die Affen von der Spedition abfertigen. Die zur Spedition gehörenden ‚Truckies' werden selbstverständlich vorgezogen und bevorzugt behandelt. Da kriegst du oft eine Mordswut im Bauch. Häufig mußt du auch deren Preis unterbieten, um überhaupt noch irgendwelche Frachten zu bekommen. Schlimm kann es auch werden, wenn diese ‚Geldsäcke' nicht gleich mit dem Geld herausrücken und du drei bis vier Monate auf deinen Scheck warten mußt. Deine Kosten bleiben. Die Bank will ihr Geld für die Kreditraten. Du mußt Steuern zahlen. Brauchst Benzin, Reifen, Ersatzteile. Deine Frau will ebenfalls Geld. – Im Moment gibt es mehr ‚Truckies' als Fracht. Kannst dir ja vorstellen, wie die Situation ist."

Ich nickte nur mit dem Kopf.

„Aber ich kann an sich nicht meckern", fuhr Bob fort. „Seit einem halben Jahr fahre ich für die gleiche Spedition alle zwei Wochen von Darwin nach Rockhampton oder Brisbane. Acht bis zehn Tage bin ich auf Achse, die restlichen Tage brauche ich für den Zwischentransport der Anhänger, für Reparaturen und für die Familie. Zweihunderttausend Kilometer fahre ich locker in einem Jahr. Meine Stärke in diesem verteufelten Job sind Zuverlässigkeit, Pünktlichkeit und wenige Unfälle. Das einzige, was ich nicht so richtig berechnen kann, sind Staub und die Regenzeit, wenn die Zyklone das Outback in Schlamm und Regen ertränken. Wenn wir Pech haben", Bob schaute nachdenklich nach oben, „gibt es bald einen Regenschauer, daß du glaubst, die Welt geht unter."

Der Horizont verfinsterte sich immer mehr. Wo sich vorher ein endloser, kobaltblauer Himmel ausgedehnt hatte, war plötzlich ein dunkelgrauer Vorhang. Tiefschwarze Wolken schoben sich vor die Sonne. Ein häßlicher Wind rüttelte an dem dahinstürmenden Truck. Etwa dreißig Meilen hinter dem kleinen Ort Winton prasselten die ersten schweren Tropfen gegen die Scheibe. Gebannt starrte ich auf das Naturschauspiel.

Plötzlich trat Bob heftig auf das Bremspedal. Fast knallte ich mit dem Kopf gegen die Frontscheibe. Der Volvo schlingerte wie ein Schiff im Sturm. Als die Kiste ausgerollt war, sprang Bob mit einem Satz aus der Kabine. Ich hinter ihm her.

„Was ist denn los?" fragte ich erschrocken.

„Ein paar Reifen sind hin. Kein Problem, das haben wir gleich."

Er nahm einen schweren Hammer aus dem Werkzeugkasten. „Hier, klopf damit den roten Dreck aus den Felgen, und schau nach, ob hinten am Trailer alle Reifen in Ordnung sind. Beeil dich, bevor der Regen den Dreck festklumpt."

Ich sprintete nach hinten. Während es vom Himmel wie aus Eimern goß, drosch ich mit dem Hammer auf Felgen und Radkränze. Kiloweise rieselte der rote Staub aus den Felgenschüsseln. In wenigen Minuten war ich klitschnaß. Ich kroch unter den Trailer und hämmerte gegen die Reifen. Sie schienen in Ordnung zu sein. Bob mühte sich vorne am Auflieger ab. Drei Reifen waren platt. Wir benötigten fast zwei Stunden, bis wir die Reifen gewechselt hatten.

„Wo wir einmal dabei sind, laß uns mal das Fahrerhaus nach vorn klappen. Vom Motor her klingt irgend so ein komisches Geräusch."

Während der Regen auf uns herabrauschte, leuchtete er mit der Taschenlampe den riesigen Motorblock ab.

„Dachte ich's mir doch!" Triumphierend durch die Zähne pfeifend, hielt mir Bob ein rostiges Eisenteil entgegen.

„Muß wohl jemand verloren haben. Und wir haben's erwischt. Bin froh, daß das Ding mir nicht den Kühler oder den Propeller zerschlagen hat. Viel hat nicht gefehlt."

Er kippte das Fahrerhaus zurück, und wir kletterten ins Trokkene. „Scheißwetter", fluchte Bob. Ich konnte ihn nur bestätigen. Draußen war es dunkel. Unaufhörlich schlugen schwere Regengüsse aufs Blechdach. Nachdem wir uns so gut es ging abgetrocknet hatten, öffnete er zwei Konserven: Reispudding mit Vanillesoße.

„Hier iß, leider müssen wir das Zeug kalt essen. Draußen ein Feuer zu machen, dürfte wohl unmöglich sein."

„Was machen wir jetzt?" fragte ich zwischen zwei Happen. „Willst du weiterfahren?"

„Mmh . . ." Er kratzte sich am Kinn. „Schlecht wär's nicht. Aber du siehst in dieser rabenschwarzen Nacht vor lauter Regen den Highway nicht. Große Lust, in einen *floodway*, du weißt schon, diese betonierten Furten in den *creeks*, reinzurasen und drin steckenzubleiben, hab' ich auch nicht. Laß uns lieber hierbleiben und warten, bis es hell wird. Morgen sehen wir weiter. Kannst dich oben in die Koje hauen. Unten schlafe immer ich."

Bei einer Dose „KB" erzählte mir Bob die Geschichte von Banjo Patterson, der in der Nähe von Winton, am Combo Hole Billabong die heimliche australische Nationalhymne „Waltzing Matilda" gedichtet hatte. Das war anno 1895. Seitdem scheint über jedem dieser Billabongs der „Geist der Freiheit" zu schweben, der Geist jenes unbekannten Sundowners (Tramp), der sich lieber selbst im Wasser ertränkte, als sich von einem Schafzüchter wegen eines gestohlenen Bocklamms gefangennehmen zu lassen. Seitdem ist das Combo Hole so etwas wie eine nationale Wallfahrtsstätte geworden. Auf meine Bitte hin krächzte mir Bob sogar das von allen Australiern so sehr geliebte Lied vor.

Once a jolly swagman camped by a billabong,
Under the shade of a coollibah tree,
And he sang as he watched and waited till his billy boiled
Who'll come a-waltzing Matilda with me?

Down came a jumbuck to drink at the billabong;
Up jumped the swagman and grabbed him with glee.
And he sang as he shoved that jumbuck in his tucker-bag,
You'll come a-waltzing Matilda with me.

Up rode a squatter, mounted on his thoroughbred;
Down came the troopers, one, two, three;
Whose' that jolly jumbuck you've got in your tucker-bag?
You'll come a-waltzing Matilda with me!

Up jumped the swagman and sprang into the billabong;
„You'll never catch me alive!" said he;
And his ghost may be heard as you pass by that billabong,
You'll come a-waltzing Matilda with me!

Danach schlief Bob ein und schnarchte wie in Walroß. Ihn schien der Regen und die Ungewißheit, wie es morgen weitergehen würde, nicht zu belasten. Ich lag lange wach, wälzte mich in der engen, stickigen Koje unruhig hin und her. Der trommelnde Regen nervte. Er ließ zwar gegen Morgen merklich nach, doch auch diese Tatsache sorgte nicht dafür, daß ich besser schlafen konnte.

Irgendwie ging auch diese Nacht zu Ende. Nach dem Verzehr von feuchten, kalten Sandwiches aus der Tiefkühlbox drehte Bob den Zündschlüssel um, glühte den Diesel vor und brummte zufrieden, als sein „Baby" ohne Murren ansprang.

„Ich werd' versuchen, im dritten Gang anzufahren. Vielleicht klappt's."

Es klappte, wenn auch nicht auf Anhieb. Der Volvo ließ seine 360 PS aufjaulen und schüttelte sich. Die durchdrehenden Reifen schleuderten den Dreck meterweit. Im Schneckentempo setzte sich der Truck in Bewegung, driftete etwas nach rechts, kam wieder frei und quälte sich auf die Piste. Wo gestern sich noch eine nach Wasser lechzende Steppenlandschaft ausbreitete, war nun eine rotbraune Schlammwüste mit Regenpfützen so groß wie Baggerseen. Trotz Vollgas fuhren wir nicht schneller als 30–35 Meilen/h.

Der Wolkenbruch hatte die knüppelharte Piste aufgeweicht wie einen Schwamm. Aus den ausgetrockneten *creeks* waren reißende Ströme geworden. Durch zwei *floodways* kamen wir gerade noch durch, obwohl das Wasser fast in die Fahrerkabine drang. Hinter Longreach ging nichts mehr. Vor uns saß ein Tankzug fest. Bob stoppte den Volvo.

„So ein Mist", schimpfte er." Dieser Trottel! Blockiert einfach den Highway. Was jetzt? In zwei Tagen sollen die Kekse in Rockhampton sein. *What a bloody day!*"

Er zog sich die Tennisschuhe aus und ließ sich ins Wasser, das unseren Truck umgab, gleiten.

„Uh, naß ist das Zeug auch noch. Komm, wir gehen mal zu dem Kumpel rüber und schauen nach, wie's ihm geht."

Ich zerrte mir die Schuhe von den Füßen und krempelte die Jeans übers Knie. Dann rutschte ich vorsichtig die Stufen hinunter, mitten rein ins schlammige Wasser. Die Strömung riß mich fast um. Mühsam kämpften wir uns durch die gurgelnden braunen Fluten zu dem Tankzug vor.

„He, Kumpel, konntest du dir keinen besseren Parkplatz für dein Nickerchen suchen", feixte Bob zu dem Fahrer hinauf.

„Leider nicht, mein Freund", rief dieser zurück. „Mir ist die Zündung abgesoffen. Diese Ami-Schlitten – er meinte seinen verdreckten „White Cabover" – taugen eben doch nichts für unsere guten australischen Straßen. Ich will ein paar Liter Sprit zur Sunshine Coast schaukeln, damit die Touristen ihre Blechkisten mit gutem Stoff volltanken können. Scheint, daß wir hier

In der Regenzeit werden ausgetrocknete „creeks" zu reißenden Flüssen

einige Tage festsitzen werden."

„Hol's der Teufel, du scheinst recht zu haben. Ich bin Bob. Und der da", er zeigte mit dem Daumen über die Schulter auf mich, „ist Bernie-Boy, ein Deutscher. Hab' ihn oben in Julia Creek aufgepickt. Er will nach Sydney. Wie findest du das?"

Dem Fahrer des „White" fehlten vorne zwei Schneidezähne. So stieß er beim Reden ständig mit der Zunge an und spuckte. Es klang grauenhaft. Er hieß Bill Cameron und stammte aus Newcastle in Neusüdwales. Seit vier Tagen war er unterwegs.

„Ich hab' über CB-Funk einen Farmer in Barcaldine erreicht und ihm geflüstert, daß ich hier feststecke. Der Mann hat versprochen, Hilfe zu schicken. Schätze, bis zum Nachmittag wird irgend etwas geschehen. Klettert inzwischen zu mir rauf, und laßt uns ein Bier trinken."

Wir stiegen zu Bill ins Fahrerhaus. Der „White" war innen

recht geräumig. Zum Bier aßen wir Kartoffelchips und hörten Radio. Stunden verstrichen, ohne daß etwas geschah.

„Funk noch mal den Farmer an", brummte Bob, „und frag, was los ist!"

Bill stellte das Funkgerät an und griff zum Mikrofon. „Hier spricht Bill Cameron. Stecke hier mit einem Truck im Irrawaddi Creek fest. Hallo, hört mich jemand?"

Es piepste und rauschte in der Leitung. Das war alles.

„Ich geh' auf eine andere Frequenz." Er mußte sein Sprüchlein einige Male wiederholen, bevor er endlich Antwort erhielt.

„Hallo, Bill Cameron, wir hören Sie. Können mit dem Auto nicht zu euch rauskommen. Sämtliche Straßen sind unpassierbar. Wir werden versuchen, euch einen Helikopter zu schicken. Ende."

„Na, das sieht ganz und gar nicht gut aus", krächzte Bob Bennie heiser. Ich sagte nichts. Das Wetter blieb trübe, aber es regnete nicht mehr. Wenigstens im Moment nicht. Die Luft war schwül.

„Ich hab' Spielkarten dabei", lispelte Bill.

„Wenigstens etwas", antwortete Bob, „also komm rüber zu uns. Bring dein Bier mit. Wir werden eine Partie pokern."

Wir erreichten unseren Truck, ohne daß einer von uns auf die Nase fiel.

„Und wo spielen wir?" fragte ich.

„Auf dem Dach natürlich. Auf dem Auflieger. Da ist es trocken, und wir haben Platz genug. Und so kletterten wir alle über eine kleine Alu-Leiter auf den Auflieger und hockten uns gegenüber.

„Um was spielen wir?" wollte Bill wissen.

„Kekse", erwiderte Bob, „wir spielen um Arnott's Schoko-Biscuits. Davon hab' ich neun Tonnen geladen."

Er hangelte sich vom Dach herunter und öffnete die seitliche Ladetür des Aufliegers.

„Hier, fangt mal auf! Reichen zweitausend Kekse für jeden?"

„Das langt allemal. Können wir sie notfalls auch essen?"

Die Stimmung war trotz unserer Misere prächtig. Jeder verfügte über hundert Pakete à zwanzig Kekse – genug für einen angemessenen Spieleinsatz. Wir pokerten, bis es dunkel wurde, und tranken dabei ein gutes Dutzend Bierdosen leer. Wer pinkeln mußte, stellte sich an die Dachkante und strullerte hinunter. So einfach war das. Pokern war nicht meine Stärke. Ich konnte zu schlecht bluffen. Bis auf drei Pakete Kekse verlor ich alles. Bill, der Truckie mit der feuchten Aussprache, hingegen war im Pokern ein absolutes As. Er hatte eine wahre Glückssträhne. Vor und neben ihm stapelten sich die Keks-Pakete.

„Sag mal, Bill", bemerkte ich, „was willst du eigentlich mit deinem Gewinn machen?"

„Ooch, ich weiß noch nicht. Vielleicht verschenk' ich sie an den Farmer in Barcaldine. Dann kriegen seine Kühe endlich mal was anderes als dürres, trockenes Gras zu fressen."

Wir lachten, tranken unser letztes Bier und krochen in unsere Kojen.

In dieser Nacht störte mich nicht einmal Bobs lautes Schnarchen. Ich schlief wie ein Stein und träumte von raschelnden Palmen, weißen Stränden, tropischen Früchten und braunhäutigen Hula-Mädchen.

Am Nachmittag des nächsten Tages landete bei strömendem Regen ein Hubschrauber in unserer Nähe. Der Pilot hatte einige Kannen heißen Tee dabei, gebratene Steaks, Fertigsalate, Brot, Käse, Dauerwurst und Bier. Er erzählte uns, daß ein paar Meilen von uns entfernt ein Trucker mit einer Ladung Schafen festsaß. Ihm ginge es ganz gut, aber die eingepferchten Schafe, mehr als vierhundert, blökten jämmerlich. Wahrscheinlich würde man sie aus ihren Transportkäfigen befreien und laufenlassen müssen, bevor sie vor Hunger eingingen.

„Vor drei Jahren", wußte der Pilot weiter zu berichten, „war ein *road train* mit einer Ladung tiefgefrorener Rinderhälften vier Wochen zwischen zwei reißenden Flüssen von der Umwelt abgeschnitten. Der Truckie, der die ganze Zeit bei seiner Ladung ausharrte, wurde aus der Luft versorgt. Er war zweimal drauf und dran, Selbstmord zu begehen, weil er das ewige Warten auf das Ende der Regenperiode nicht länger ertragen konnte. Seine Ladung verdarb. Als man den plombierten Kühlauflieger bei seiner Ankunft in Brisbane öffnete, wurden drei Speditionsarbeiter von dem ekelhaften Verwesungsgeruch des inzwischen aufgetauten Fleischs ohnmächtig. Die gesamte Ladung mußte verbrannt werden. Tagelang war im Umkreis von zehn Meilen der süßliche Gestank wahrzunehmen."

Geschichten wie diese stimmten niemanden von uns froh. Wir hofften inständig, daß uns vier Wochen Aufenthalt an diesem Ort erspart bleiben würden. Wenn es nicht gerade regnete, reparierten wir abwechselnd an den Trucks herum, polierten die Chromteile, wuschen unsere Socken, pokerten, rauchten oder tranken Bier. Einmal am Tag kam der Helikopter, brachte Proviant und Zeitungen. Nach sechs Tagen fiel der Wasserstand im *floodway*, denn die Regenfälle wurden seltener. Unsere Chancen, den feuchten Ort zu verlassen, stiegen. Bill Cameron startete den Motor des „White". Beim siebten Versuch sprang er an. Mit viel Gefühl lenkte der Trucker seinen gigantischen Tankzug aus dem *floodway* des Irrawaddi Creek und konnte seine Fahrt fortsetzen. Wir folgten ihm.

Kurz vor Jericho, einer „station" am Wendekreis des Steinbocks, begann der Motor des Volvo mit einemmal plötzlich zu heulen. Direkt hinter dem Turbolader war ein Abgasrohr gebrochen. Die Turbine blies ins Freie. Bob war stocksauer. Trotz Lagerschadens schafften wir es bis Jericho. Auf der „station" hatten sie natürlich keine Ersatzteile, doch Bob hatte Phantasie. Mit einem schweren, gußeisernen Pfahl hoben wir das gebrochene Abgasrohr an. Aus dem alten Vorderreifen eines Traktors schnitt Bob eine Art Manschette, die er mit einer Rolle Bindedraht geschickt über der Bruchstelle fixierte.

Das Provisorium hielt bis Emerald. Hier gönnten wir uns ein riesiges T-Bone-Steak mit Zwiebeln und einem frisch gezapften Bier im *Federation Hotel*, wo sich an der hufeisenförmigen Bar einige wildaussehende Gäste langweilten. Ein alter *stockman* – ein australischer Cowboy – mit Aboriginal-Blut in den Adern trug um den Hals eine lebende Taipanschlange, der er die Giftzähne ausgebrochen hatte. In einer Ecke plärrte eine Wurlitzer-Box

76

Songs von Frank Sinatra und Johnny Cash. Träge räkelte sich ein verlauster Köter mitten im Raum und schnappte gelegentlich nach den Fliegen auf seiner Schnauze. Zwei Sprüche über dem Tresen erregten meine Aufmerksamkeit: „Frauen lieben die einfachsten Dinge im Leben – zum Beispiel Männer" und „Ladies werden am Bullen-Ring nicht bedient." Mit dem Bullen-Ring war natürlich die Theke gemeint.

Als das Dieselaggregat im Hof zu stottern begann, fiel die Musikbox aus, und der müde Ventilator gab seinen Geist auf. Sofort war die Luft im Raum zäh und klebrig. Der Hund stand auf und pinkelte an ein Stuhlbein. Er war noch nicht richtig fertig, da traf ihn der nasse Putzlappen des Barkeepers im Nacken. Knurrend trollte er sich nach draußen.

„Das reicht", brummte Bob. „Laß uns machen, daß wir nach Rockhampton kommen."

Er zahlte, und wir verließen diesen einladenden Ort. Am Ende von Emerald lag eine Tankstelle. Wir füllten die beiden Tanks, die

Ein typisches Pub im Outback

zusammen 1200 Liter faßten, mit Diesel auf. Während ich die Frischwassertanks unter dem Trailer mit Wasser vollpumpte, checkte Bob die Reifen. Einer zischte. Bob nahm einen Schraubenzieher aus dem Werkzeugkasten und bohrte damit im Reifenprofil herum. „Verdammter Reifen!" schimpfte er und drosch verächtlich mit der Faust auf die abgefahrenen Laufflächen. Dann drehte er eine Stahlschraube bis in die Karkasse hinein. Das Zischen hörte auf.

„Na bitte!" Er feuerte den Schraubenzieher zurück in den Werkzeugkasten.

„Mußt du nicht zahlen?" Ich schaute ihn verwundert an.

„Noch nicht. Ich tank' hier auf Kredit. Einmal im Monat schickt mir die Ölgesellschaft die Rechnung. Wenn ich Geld habe, zahle ich sofort."

„Und wenn nicht?"

„. . . dann müssen sie eben etwas Geduld haben und warten. Aber bislang ist Bob Bennie noch niemandem etwas schuldig geblieben."

Ein paar Meilen weiter kreuzten wir den Mackenzie River. Die Markierung am *floodway* zeigte eine Wassertiefe von achtzig Zentimetern im Flußbett.

„Meinst du, daß du es schaffst?" Ich war skeptisch.

„Wir werden sehen." Bob schaltete rasch in die höheren Gänge. Volle Kraft aufs Gaspedal. Der Volvo zitterte und kam langsam auf Touren.

„Komm, mein Baby, schneller, sonst schaffen wir es nie . . ."

Bob schaltete die Scheibenwischer auf schnellste Gangart. Mit gut 70 km/h raste der Truck auf die überflutete Betonwanne zu – und hinein! Hoch spritzte das Wasser auf und schwappte über die Scheiben. Null Sicht. Der Motor heulte und jaulte. Wir wurden mächtig durchgerüttelt, erreichten jedoch mit Ach und Krach das andere Ufer, ohne hängenzubleiben. Bob jubelte wie ein Kind und küßte verzückt das Lenkrad.

Wir rauschten vorbei an einer Kolonne von Gleisarbeitern. Der starke Regen hatte die Schwellen unterspült. Auf hundert Meter war der Schienenstrang abgesackt.

„Geschieht denen recht", rief Bob höhnisch. „Du mußt wissen, die Bahn ist unser Feind Nummer eins. Sie gefährdet uns Trucker in unserer Existenz. Die Bahn fährt schneller und billiger, da können wir Trucker kaum mehr mithalten.

Neuerdings wenden die Burschen von der Bahn die Huckepack-Methode an. Sie packen vollbeladene Trailer auf Waggons und transportieren sie bis zu den Endstationen im Zentrum unseres Kontinents, wo sie abgeladen und an Zugmaschinen gekoppelt werden und zu ihrem endgültigen Zielort gebracht werden. Die Eisenbahnfritzen glauben, sie wären sehr klug. Das ist die Zukunft, sagen sie. Ich bin da anderer Meinung. Sieh mal, die Bahnangestellten verdienen sehr schlecht. Wen wundert's, daß sie dann streiken, um mehr Lohn zu bekommen? Sollen sie streiken! Das ist nur gut für uns. Im vorigen Jahr", grinste Bob, „standen die Eisenbahnräder drei Monate still, weil sich die Gewerkschaften mit der Regierung nicht über konkrete Lohnverhandlungen einigen konnten. Nichts ging mehr. Nicht einmal die Vorortszüge fuhren. Für uns Trucker war das eine irre Zeit. Wir mußten Sonderschichten fahren, um das Landesinnere zu versorgen. In den drei Streikmonaten habe ich so viel verdient wie im ganzen Jahr – fast dreißigtausend Dollar. Toll war's. Verdammt hart, aber gut. Habe mich mit Tabletten und Aufputschmitteln wachgehalten. Als ich irgendwann einmal in den Spiegel schaute, sah ich aus wie fünfundvierzig, dabei bin ich gerade erst einunddreißig."

„Liebst du deinen Job wirklich so sehr, daß du das alles auf dich nimmst, Bob?" Er schaute mich nachdenklich und irritiert an, dann starrte er wieder auf die verschlammte Piste vor uns.

„Ach, ich hasse dieses Land", schimpfte er urplötzlich los, „schau dich doch um. Sieht nicht alles irgendwie gleich langweilig und eintönig aus? Da drüben die abgestorbenen *gumtrees* – die Eukalyptusbäume –, am liebsten würde ich hingehen und sie bunt anmalen: rot, grün, blau und gelb. Das sähe bestimmt recht witzig aus."

„Ja, witzig sähe es schon aus. Aber wann willst du denn malen?"

versuchte ich ihn aus seinen Spinnereien zu reißen. „In der *wet season* – in der Regenzeit – wäscht dir der Monsun die Farbe vom Pinsel, bevor du überhaupt einen Strich tust. Und in der Trockenzeit dörrt dir die Sonne bei vierzig Grad im Schatten das Hirn aus, wenn du überhaupt Schatten findest."

„Hast recht", gab Bob zu und blickte mich kurz an. „Hast ja recht. Eigentlich möchte ich in keinem anderen Land leben. Ich liebe Australien. Ja, ich liebe sogar den Outback. Nirgendwo sonst findest du diese grenzenlose Freiheit, diese Weite und diese Möglichkeiten, sich als Mann zu verwirklichen. Und wenn du es genau wissen willst, liebe ich auch diesen verdammten, dreckigen Job eines Truckers. Niemand sitzt da und sagt: Bob, tu dies, Bob, tu das. Niemand – hörst du? –, niemand sagt dir, was und wie du's machen sollst. Du bestimmst über dich. Und das finde ich prima."

Eine Zeitlang sagte er nichts mehr. Er summte ein Liedchen vor sich hin und konzentrierte sich aufs Fahren. Noch hundertfünfzig Meilen bis „Rocky" – Rockhampton.

„Truckies sind schon verrückte Hunde", fing Bob wieder an. „Da war mal einer, der hieß John Edward Crabbe, ein *subbie* aus Goulburn in Neusüdwales. In Erldunda fing er in einem Pub nach zehn Glas Bier einen handfesten Streit mit dem Wirt an. Mit fünf Mann haben sie ihn aus der Bar hinausgeworfen. John Edward Crabbe kletterte in seinen Hundertdreißig-Tonnen-Truck, gab Vollgas und fuhr quer durch die Kneipe. Vier Gäste, darunter der Wirt, wurden getötet, zwölf weitere verletzt. Vor Gericht zeigte dieser Kerl keine Reue. Nicht mal mit der Wimper hat er gezuckt, als sie ihn wegen vierfachen Mordes zu lebenslanger Haft verurteilten."

Es war eine schaurige Geschichte. Und Bob hatte noch mehr auf Lager, wenn auch weniger brutal.

Eine Stunde später rollten wir durch die Vororte von Rockhampton in Queensland. Die Stadt liegt am Fizroy River und ist der größte Vieh-Umschlagplatz Australiens. Auf dem Rangiergelände der „Max-Winkless-Trucking-Company" war die Fahrt zu Ende.

„Was wirst du nun tun, Bob?"

„Erst mal duschen und dann vierundzwanzig Stunden schlafen. Die Stadt bekommt ihre Kekse und den Ketchup, der Motor seine Reparatur – und morgen abend starte ich zur Rückfahrt. Neue Ladung, neues Glück. So ist das eben. Und du, Bernard? Immer noch nach Sydney?"

„Natürlich. Ich werde zu trampen versuchen."

„Dann mach's gut, und grüß mir die hübschen Mädchen von der Bondi Beach."

Wir schüttelten uns die Hände. Fast neun Tage waren wir zusammen gewesen. Hatten miteinander gelacht, gezecht, gespielt und geflucht. Jetzt trennten sich unsere Wege. Es war ein wenig deprimierend. Ich schulterte meine angeschmuddelte Segeltasche, packte den Kamerakoffer, winkte Bob ein letztes *farewell* zu und marschierte stadteinwärts.

Kein Geld – nichts geht mehr

Rockhampton hat knapp 55 000 Einwohner. Wie bei allen australischen Städten ist <u>downtown</u> – das Zentrum – von ausgedehnten Vorortsiedlungen umgeben. Es war spät am Abend, und es roch nach Staub und Regen. Ohne Ziel trottete ich der Innenstadt entgegen. Als ein Platzregen herabprasselte, stellte ich mich bei einem Gebrauchtwagenhändler unter. Nach wenigen Minuten ließ der Schauer nach. Zurück blieben riesige Pfützen. Die Gullys verwandelten sich in Staubecken für schmutzig-trübe Regenmassen. Der Asphalt dampfte.

Verdammt, da waren sie wieder, meine drei Probleme: kein Geld, kein Bett und nichts zu essen. Mein Magen war so leer, er knurrte nicht einmal mehr. Müde war ich zum Umfallen. Ecke George Street/Denham Street redete ich zwei angetrunkene Aboriginals an. Sie wußten eine billige Herberge, keine fünfhundert Meter entfernt: das *Scariff Hotel*. An der Rezeption saß ein buckliges, kleines Männlein mit Halbbrille und fixierte mich kritisch. Wo ich herkäme, fragte er mit hoher Fistelstimme, und wie lange ich bleiben wollte.

„Ich bin mit der letzten Maschine aus Sydney gekommen", log ich, „arbeite für die ‚Geoterrex Mining Co.' (den Namen hatte ich irgendwann einmal in einer Zeitung gelesen) und habe vor, zwei Nächte zu bleiben."

„Einzelzimmer", krächzte der komische Kauz, „oder Doppelzimmer?"

Sah der mich zweifach, oder wollte er mich verkohlen?

„Natürlich ein Einzelzimmer", gab ich ungehalten zurück.

„Zweiter Stock, Zimmer-Nummer einundzwanzig."

„Danke." Ich schnappte mir die Schlüssel und schleppte meine Sachen die ausgetretenen Stufen nach oben. Zimmer 21 lag am Ende eines schmalen Ganges. Ich schloß auf, schob Koffer und Segeltasche hinein und tastete nach dem Lichtschalter. Eine trübe 20-Watt-Birne erhellte schwach einen tristen Raum, etwa zwölf Quadratmeter groß, mit einem Bett, in dem schon Generationen von Menschen vor mir geschlafen zu haben schienen, einem wackligen zweitürigen Schrank, einem Stuhl und einem winzigen Ecktisch. Kein Bild an der Wand. Dafür aber Kakerlaken und Moskitos.

Ich schaltete den Deckenventilator auf Stufe drei. Leicht quietschend setzte sich der Rotor in Bewegung. Das Ding wackelte beängstigend und kam langsam auf Touren. Viel Vertrauen zu diesem ratternden „Miefquirl" hatte ich nicht. Ich schob das Bett direkt unter das Fenster. So, jetzt konnte der Ventilator ruhig abstürzen und den fleckigen Boden durchschlagen. Mich würde er jedenfalls nicht treffen.

Ich war so müde, daß ich mich nicht einmal mehr auszog. Ich ließ mich auf das durchgelegene Bett plumpsen. Nur schlafen, egal wie . . .

Die Moskitos hatten ganze Arbeit geleistet. Meine Arme waren übersät mit angeschwollenen Einstichen und erinnerten an Streuselkuchen. Ich schnupperte. Im Raum stank es fürchterlich nach

Dreck und Schweiß. Wahrscheinlich war ich es selbst, der diesen exotischen Duft ausströmte. Immerhin hatte ich mich über eine Woche nicht mehr richtig gewaschen. Der Bart kratzte zwar, hatte aber den Vorteil, daß er das Gesicht einigermaßen gegen Moskito-Attacken schützte.

Natürlich hatte meine Nobel-Suite kein Bad. Ich schlich mich auf den Gang hinaus und durchsuchte die Toiletten und Duschräume nach Seife. Auf der Damentoilette fand ich endlich ein kleines, klebriges Stück gelber Kernseife und stürzte mich freudig in den Waschraum für Männer und unter die Dusche. Himmel, war das ein unbeschreiblich schönes Gefühl, sich mal wieder so richtig waschen zu können! Ich wollte gar nicht mehr aufhören. Wäre nicht das warme Wasser ausgegangen, ich hätte versucht, den Weltrekord im Dauerduschen zu brechen.

Danach fühlte ich mich prächtig – bis auf den nagenden Hunger. In meiner Tasche fand ich noch ein halbwegs sauberes T-Shirt, das von meiner abgewetzten und durchgeschwitzten Jeans ablenken würde.

Von der Veranda, die rings um das Hotel lief, genoß ich die Morgenluft. Auf der Straße gingen die Leute ihren Geschäften nach. Alles sah so lebendig, so bunt aus. Welch eine Abwechslung nach der Einsamkeit, dem Alleinsein, den Entbehrungen in der Wüste und dem Outback. Endlich wieder Menschen, Hektik, Verkehrschaos, Parkuhren – und überquellende Mülleimer. An der Rezeption gab ich den Schlüssel ab und wünschte gutgelaunt dem Halbbrillen-Männlein einen schönen Tag. Ich ließ mich treiben und gelangte nach einiger Zeit in den historischen Teil der Stadt, in die Quay Street, die am Fizroy River entlang führte. Hier standen prächtige, alte Häuser im Kolonialstil: zweigeschossig, mit langen Veranden und verschnörkelten schmiedeeisernen Geländern – eine Mischung aus viktorianischem und Wildwest-Stil. Das älteste, noch erhaltene Haus war das „Wiseman's Stone Cottage", erbaut 1859 – in der Nähe des Zollgebäudes.

Ich hockte mich in den Schatten eines der mächtigen Eukalyptusbäume, welche die Quay Street säumten, und schaute hinüber

Haus im viktorianischen Kolonialstil in Rockhampton

zum Fizroy River. Über die den Fluß überspannende Stahlbrücke quälte sich der Verkehr. Der Bruce Highway oder Highway Nummer 1 führte hinüber nach North Rockhampton, dann weiter nach Norden, nach Townsville und Cairns. Fast 150 Meter breit war der Fluß an dieser Stelle. Einige kleinere Boote lagen am Ufer vertäut. Welche Farbe das Wasser hatte, war undefinierbar. Wie ein Teppich überzog eine geschlossene, saftig-grüne Pflanzendecke den gesamten Fluß. Ein paar Wasservögel stelzten umher, ohne einzusinken. Erstaunlich. Doch konnte mich diese Idylle nicht von der rauhen Wirklichkeit ablenken.

Tatsache war: Ich besaß nicht einen Cent und hatte keine Ahnung, wie es weitergehen sollte. Als Hutbesitzer hätte ich mich wenigstens als blinder Bettler getarnt an eine belebte Straßenecke hocken können. Aber zu solchen Aktivitäten war ich eigentlich nicht geeignet. Vielleicht konnte ich irgendwo einen Job bekommen? Als Tellerwäscher, Aushilfskellner, Lagerarbeiter auf dem Großmarkt oder als Bauhelfer. Warum nicht? Zumindest war es einen Versuch wert. Ich stand auf und marschierte los. Als ich ein Fotogeschäft passierte, schaute ich mir interessiert die Preise für Kameras an. Eine Canon AE-1 kostete 450 Dollar, eine Nikon FE 485 Dollar. Fast doppelt soviel wie bei uns. Kameras, schoß es mir plötzlich durch den Kopf. Ich hatte in meinem Koffer gleich zwei, plus dazugehörende Objektive. Wenn ich die . . .?

Genau – das war's! Ich brauchte nur meine Fotoausrüstung in ein Pfandhaus zu schleppen. Vor Aufregung über diesen spontanen Einfall fand ich mein Hotel erst nach einigem Suchen. Ich raste aufs Zimmer, ergriff den Kamerakoffer und stürzte wieder nach unten.

Eine fettleibige Frau saß jetzt an der Rezeption. Sie reichte mir kopfschüttelnd das lokale Telefonbuch. Im Branchenteil fand ich die Anschrift eines Pfandleihers in der Cambridge Street. Das war ganz in der Nähe. Ich notierte mir die Adresse und machte mich auf die Suche nach der besagten Straße.

Cambridge Street 46 – „Pawn-Shop" –, das war es. Kurz entschlossen betrat ich den Laden. Ich hatte ein wenig Herzklopfen. Keine zehn Minuten später stand ich wieder draußen – ohne Kamerakoffer. Dafür aber mit 500 Dollar in der Hand. Gewiß, die komplette Fotoausrüstung im Wert von rund 8000 Mark war weg. Was heißt weg? Ich hatte drei Monate Zeit, sie für den gleichen Betrag zuzüglich Zinsen wieder zurückzukaufen. Heute war der 28. November. Also würde ich spätestens am 28. Februar hier wieder auftauchen, mit genug Dollars in der Tasche, um meine geliebte Nikon-Ausrüstung wieder einzulösen. Den Pfandschein steckte ich sorgfältig in meinen Paß hinein.

So, nun stand mir die Welt wieder offen. 500 Dollar, schöne bunte Scheine, warteten darauf, ausgegeben zu werden. Zuerst ging ich in den nächsten Coffee Shop und bestellte mir eine doppelte Portion Speck mit Eiern, Toast, Wurst, Käse und eine ganze Kanne Tee. Vorläufig gesättigt, ließ ich mir anschließend bei einem Barbier den Stoppelbart rasieren und die Haare schneiden. Ich war wieder wer. Die nächste Überlegung lautete, wie komme ich jetzt nach Sydney: Zug, Greyhound-Bus oder Flugzeug? Ich hatte es eilig. Also Flugzeug. Bei TAA (Trans Australian Airline) buchte ich für den nächsten Tag einen Flug nach Sydney. Preis: 192,50 Dollar in der Economy.

Den restlichen Tag verbrachte ich mit schnödem Nichtstun, nur unterbrochen von Essen und Trinken. Zwanzig Cent steckte ich in eine öffentliche Waage: „Prüfe dein Gewicht." 69 Kilo – mit Klamotten – zeigte die Waage an. Also hatte ich auf der Strecke Darwin–Rockhampton gute zwölf Pfund Lebendgewicht verloren. Um wenigstens einen Teil der abgespeckten Pfunde wiederzugewinnen, ließ ich mir in *Flannagen's Restaurant* ein opulentes Mahl auftragen: einen Meeresfrüchte-Cocktail als Entree, dazu kühlen Weißwein aus dem in Südaustralien gelegenen Barossa Valley. Dem folgte ein gigantisches Steak von fast dreißig Zentimeter Durchmesser, hübsch eingerahmt von Mais, Bohnen, Pommes frites, Kräuterbutter und Zwiebelscheiben. Ich aß selbst die Petersilie, die als Garnierung den Tellerrand zierte. Hinuntergespült wurde dies alles mit zwei Gläsern Guinness vom Faß. Zwei Stück Käsekuchen, eine Portion Erdbeeren mit Eis und Schokoladensoße sowie ein kräftiger Magenbitter rundeten das Menü ab. Ich zahlte fünfundvierzig Dollar, und weil die Kellnerin so nett lächelte, gab ich ihr fünf Dollar Trinkgeld. Mir ging's gut! Warum sollte es anderen schlechter gehen? Satt und zufrieden sackte ich am Abend in das ausgebuffte Bett meines Hotelzimmers.

Um 11 Uhr 25 am nächsten Tag ging mein Flugzeug. Mit dem Taxi fuhr ich hinaus zum Airport. Ich checkte ein und versuchte meine Freundin Jennifer Dowling in Sydney telefonisch zu erreichen. Jenny kannte ich aus Wuppertal, wo sie zwei Jahre in Pina Bauschs Ballett-Ensemble getanzt hatte. Sie lebte, verheiratet mit einem Lehrer, in Mosman, einem der nördlichen Stadtteile Sydneys. Leider meldete sich niemand. Pech! In Sydney würde ich es noch einmal versuchen.

Pünktlich hob die TAA-Boeing 727 vom Rollfeld ab, und Rockhampton verschwand unter wattigen Wolken.

Eine Stadt, die alle Mühen lohnt

Zwei Stunden später *touch down* auf dem Kingsford-Smith-Airport in Sydney. Mit dem Airport-Bus gelangte ich in die City. Bei sommerlichen Temperaturen um 24° C wirkten die bunten Weihnachtsdekorationen und die riesige, mit goldenem Lametta behangene Tanne auf dem Martin Place im Zentrum der Stadt äußerst merkwürdig.

Es war Freitag, der Tag, an dem die Büros am frühen Nachmittag schließen und die Kneipen, Bars, Cafés und Restaurants Hochkonjunktur haben. Ich hatte mich mit Jenny und Tim, ihrem Mann, im Biergarten des *Orient-Hotels*, das an der Ecke Argyle St./Lower George St. gelegen ist, verabredet. Hier ging es zu wie bei einer fröhlichen Gartenparty. Auf dem Holzkohlengrill konnte sich jeder für 4,50 Dollar frische Rinder-Steaks brutzeln. Salate nach Wahl gab es vom Selbstbedienungsbuffet.

An der Bar standen sie in Viererreihen: Bankmanager und

Weihnachtsbaum in Sydney – bei 24° im Schatten

Seeleute, Touristen und Sekretärinnen, Jogger, Freaks und TV-Stars – Schulter an Schulter, mit dem gezapften Bier in der Hand, plaudernd, gestikulierend, Freundschaften schließend. Die „Aussies" sind schon ein besonderer Menschenschlag! Wir amüsierten uns prächtig. Nebenan, in „Phillipp's Foot Wine Bar", gab es ein *sing along*. Da drängten sich die Leute um einen Ragtime-Pianisten und sangen aus voller Kehle: *„Skip my kangaroo down, sport"* und *„Waltzing Matilda"* – Lieder, die hier jeder kannte. Eingehakt in eine heitere Menschentraube schoben wir uns anschließend in den „Hero of Waterloo", eines der ältesten Pubs in Sydney, in dessen ehrwürdigen steinernen Mauern eine Band fetzige Melodien hämmerte. Getanzt wurde auf Tischen und Bänken. Wegen Übervölkerung der Bar wurde sogar auf der Herrentoilette eisgekühltes Bier verkauft – aus Dosen. Verrückt!

Ein paar Ecken weiter fand eine spontane Party statt, zu der jeder willkommen war, der einen Sechserpack Bierdosen oder eine Gallone Wein mitbrachte. Um Mitternacht planschten wir im seichten Wasser der Mosman Bay. Wann wir letztlich nach Hause kamen, wußte später keiner so genau zu sagen.

Wir „spät"-stückten bei „Mischa's" an der Balmoral Bay, direkt am Strand. Das Wetter war traumhaft. Draußen in der Bucht schnitten sich die „18-Footer" gegenseitig den Wind ab, durchpflügten die Einhandsegler mit ihren leichten Holzbooten die Wellen. Der Espresso, den wir zum üppigen Brunch schlürften, brachte den Kreislauf wieder richtig in Schwung. Sydney gefiel mir. Jenny, Tim und ich verbrachten ein Bilderbuch-Weekend. Am Sonnabend badeten wir an der Bondi Beach, dem bekanntesten Strand der 3,2-Millionen-Stadt, Treffpunkt und Showbühne für Beachcomber, Oben-ohne-Mädchen, Surfer und Sandburgenbauer. In der mächtigen Brandung am Südende der Bay pulkten sich Dutzende von blondschöpfigen Brandungs-Surfern auf ihren Brettern, um sich von den hohen Wogen an Land tragen zu lassen. Weiter draußen flitzten Windsurfer durchs tiefblaue Wasser, liefen weiße Jachten mit prallgefüllten bunten Spinnakern vor dem Wind.

Am Sonntag ging's dann zum Long Reef, einer 140 m hohen Felsenklippe 25 km nördlich von Sydney City. An diesem Wochenende trafen sich dort die Drachenflieger aus der ganzen Umgebung. Während die tollkühnen Burschen über uns am Himmel segelten, aalten wir uns unten am Strand genüßlich in der Sonne.

Am Nachmittag vergnügten wir uns bei einem der populären Jazz-Picknicks am Cremorne Point. Verschiedene Bands „*rockten* und *rollten*" abwechselnd. Die Stimmung war bombig. Wir tanzten pausenlos. In der Zwischenzeit verkohlten die Würstchen und Maiskolben auf dem Grill. Gestört hatte das niemand von uns. Wir verstanden uns alle wahnsinnig gut miteinander.

Tim Dowling hatte gute Beziehungen. Er schaffte es, mich innerhalb von drei Tagen bei der AMOCO Minerals Australia Company unterzubringen, obwohl ich keine Arbeitsgenehmigung hatte. Diese Tatsache umgingen wir geschickt, indem ich Antrag auf Einwanderung stellte, wobei die Dowlings für mich bürgten.

Drachenflieger am Long Reef bei Sydney

Die AMOCO suchte einen geologischen Assistenten für eines ihrer Camps im Outback. Ich hatte zwar keine Ahnung von dem Job, Brice M. Roxburgh, der Chef-Geologe schien jedoch – dank Tim Dowlings Fürsprache! – von mir und meinen Fähigkeiten überzeugt zu sein. Die notwendige ärztliche Untersuchung einschließlich Bluttest bestand ich problemlos. Ich bekam den Job und wurde auf die Gehaltsliste der Gesellschaft gesetzt – mit 185,- Dollar in der Woche. Überstunden sollten extra bezahlt werden. Was Besseres konnte mir gar nicht passieren. Nächsten Montag sollte es losgehen.

Ich genoß die Tage in Australiens heimlicher Hauptstadt in vollen Zügen. Jenny hatte mich innerhalb einer Woche wieder auf mein altes Gewicht von 74 kg hochgepäppelt, so daß ich mich rundum wohl fühlte.

„Bevor wir dich in den Busch entschwinden lassen", kündigte Jenny an, „werden wir dir noch etwas ganz Irres zeigen."

„Ist mir nur recht", antwortete ich lachend.

Und so schleppten die beiden mich am frühen Sonnabendnachmittag nach Glebe – unweit der City – ins *Half Way House Hotel.* Hier fand – und findet wahrscheinlich immer noch – die verrückteste Musikveranstaltung Australiens, ja, vielleicht sogar der Welt, statt: das „Thong-Clapping-Festival". Eine Handvoll munterer Käuze lärmte und musizierte auf der hufeisenförmigen Theke, und Hunderte von Zuschauern klatschten im wilden Rhythmus ihre Ledersandalen und Gummilatschen, die *thongs,* gegeneinander und tanzten dabei wie aufgezogene Brummkreisel. Natürlich floß dazu das Bier in Strömen. Gegen Abend watete die „Thong-Clapper"-Gilde fast knöcheltief in leeren Bierdosen, Erdnüssen und Kartoffelchips.

Pünktlich um 18 Uhr war der Spuk vorbei, und die aufgekratzte Bande verzog sich heiter und ausgelassen in Richtung City. Wir zogen beschwingt hinunter ins „Basement" an der Lower Pitt Street und ergötzten uns an dem unverwechselbaren Sound der „Galapagos Duck Band". Als die Jungs gegen ein Uhr früh ihre Instrumente einpackten, versetzte uns ein unermüdlicher, farbiger Pianist in die Atmosphäre des Humphrey-Bogart-Klassikers „Casablanca". Jenny war ganz weg und bekam weiche Knie. Das konnte aber auch am „Brandy Alexander" gelegen haben, von denen sie einige getrunken hatte. Wieder einmal kamen wir spät – oder früh! – nach Hause.

Harte Monate im Busch

Montag morgen trat ich pünktlich um 8 Uhr 15 bei der AMOCO Minerals an. Im Büro des Chef-Geologen Brice Roxburgh stellte man mir Paul Wormald vor, der mit mir im gleichen Camp anfangen sollte. Paul war ein lustiges Haus – Kunststudent im dritten Semester und momentan völlig pleite. Er brauchte Geld, um die nächsten Semester an der Uni zu finanzieren – sagte er.

„Also Jungs", begann der Geologe, „das Camp liegt hier." Er tippte mit dem Finger auf eine überdimensionale Landkarte, die hinter ihm hing. „Das ist die Eisenbahnlinie Sydney–Broken Hill. Und hier, ungefähr in der Mitte, bei Matakana, suchen wir nach Kupfer, Nickel und Molybdän. Das Camp ist rund hundert Kilometer nördlich vom Schienenstrang, bei den Boot Hills. Bis jetzt sind zwei Mann dort. Ihr werdet die beiden unterstützen. Es gibt da allerdings ein Problem: Ich habe gerade mit dem Flugplatz in Parkes telefoniert, das ist der nächste Airstrip. Leider steht er auf Grund anhaltender Regenfälle unter Wasser, so daß keine Maschine landen kann. Ihr werdet also mit einem Kombiwagen rausfahren. Auf diese Art und Weise könnt ihr gleich noch ein paar Geräte mitnehmen . . ."

„Mr. Roxburgh", unterbrach ihn Paul Wormald mit verschmitztem Lächeln, „das ist doch eine Strecke von fast siebenhundert Kilometern. Wie sieht's denn da mit einigen Dollar Spesen aus?"

„Kein Problem", sagte Brice. „Rosemary, meine Sekretärin, wird euch zweihundert Dollar mitgeben. Das dürfte reichen für Sprit, Übernachtung, Essen . . ."

„. . . und Getränke", ergänzte Paul. Alle lachten.

„O. K. Jungs, das war's. Morgen mittag trefft ihr Andrew Gardner, das ist der Senior-Geologe von uns in Euabalong. Er wird im Pub auf euch warten. Viel Glück."

„Danke!"

Rosemary gab uns die zweihundert Dollar und die Wagenschlüssel. „Es ist ein grauer Datsun. Er steht unten im Hof."

Wir rauschten mit dem Aufzug hinab.

„Willst du fahren?" fragte Paul und hielt mir die Schlüssel hin.

„Fahr du erst mal. Ich finde mich mit dem Linksverkehr noch nicht so gut zurecht." Wir warfen unser Gepäck auf die Ladefläche zwischen Grabwerkzeugen, Erdbohrern, Kisten und Benzinkanistern und zurrten die Plane fest.

„Hier, mach du die Buchhaltung." Paul drückte mir die zweihundert Dollar in die Hand. „Und dann wollen wir's anpacken!" Wir stiegen ein und fuhren los. Es war gerade die *rush hour*. Auf der Sydney Harbour Bridge, dem *coat hanger* (Kleiderbügel), der

Das Wahrzeichen von Sydney – das Opernhaus

93

übliche Pflichtstau. Und so konnte ich die atemberaubende Aussicht auf einen der schönsten und größten Naturhäfen der Welt genießen. Über das gleißende Wasser huschten weiße Fährboote. Rechts von mir lag die Lavender Bay mit dem Luna Park – einer skurrilen Version von einem australischen Disneyland. In den letzten Jahren hatten sich dort einige tragische Unfälle ereignet, welche auf eine Überalterung der Anlage zurückzuführen waren. Im Moment war der Park geschlossen.

Die Sicht auf die muschelförmigen Kuppeln des weltberühmten Opernhauses war leider durch Busse versperrt. Imposant die Skyline, die vom Fernsehturm des „Centre Point Towers" überragt wurde. An den großflächigen, getönten Scheiben des Turm-Restaurants brachen sich die Sonnenstrahlen. Wir quälten uns durch den Stop-and-go-Verkehr, bis wir nahe der Central Railway Station auf den Broadway stießen. Der dichte Verkehr ließ nach. Bald lag die City hinter uns, und wir erreichten die westlichen Vororte.

In Paramatta stoppte Paul den Wagen vor einem Supermarkt. „Komm, wir kaufen ein paar Sachen für unterwegs."

Wir stiefelten durch die Glastür. Ich schob den Einkaufswagen, den Paul mit beängstigender Schnelligkeit vollpackte: *sixpacks* Bier, Softdrinks, Tee, zwei Alu-Töpfe mit Bügel, durchwachsener Speck, Tomaten, Eier, mit Thunfisch belegte Sandwiches, in Folie verschweißt, Flanellhemden, Socken billigster Qualität, Tabak, Zigarettenpapier, Cornflakes, Trockenobst, Haferflocken, Milchpulver, Nüsse, Honig und Marshmallows – rosafarbene, watteweiche Süßigkeiten, die wie Schaumgummi aussehen und auch so schmecken. Ich bekam vor Staunen den Mund nicht mehr zu. An der Kasse kamen noch drei Taschenbücher und Streichhölzer dazu.

„Zahl bitte den ganzen Krempel."

„Was? Von meinem Geld?"

„Quatsch, nimm die Kohle, die Rosemary uns gegeben hat!"

„Aber, das ist doch unser Spesengeld."

„Erzähl keine Opern", grinste er. „Wir machen gerade Spesen.

Vergiß den Kassenzettel nicht."

Bepackt mit drei braunen Tüten, verließen wir den Supermarkt. Paul trug einen großen leeren Karton, ich die Tüten. Arbeitsteilung auf australisch. Die Lebensmittel packten wir in den Karton, Socken und Hemden stopfte Paul in seinen abgewetzten Koffer, das heißt, eines der Hemden zog er gleich an. Daß er sich dabei auf offener Straße umziehen mußte, störte ihn kein bißchen. Er wurde mir immer sympathischer.

„So, jetzt aber ab in die Blue Mountains."

Paul gab Gas und fädelte den Datsun in den trägen Verkehr ein. Wir benötigten noch beinahe vierzig Minuten, dann lagen endlich die letzten Häuser des Ballungsraums Groß-Sydney hinter uns. „Das ist der Hawkesbury River." Paul deutete nach vorne. Der Hawkesbury River wand sich nach Nordosten, ein träge fließender Fluß mit wechselweise breiten, stillen Sandbuchten und zerklüfteten Steilufern. Ringsherum fruchtbares Land. Zitrusplantagen, Gemüsefelder und Pferdezucht-Farmen.

„Ende September", erzählte Paul, „ist auf dem Fluß schwer war los. Zwischen Windsor und Broken Bay, da veranstalten die Jungs von der Uni ein Rennen mit selbstgebauten Flößen. Die tollsten Konstruktionen kannst du da sehen. Wir hatten mal ein Floß aus sechs aneinandergebundenen Badewannen. Gewonnen haben wir natürlich nicht, aber ein Mordsspaß war's."

Immer näher schoben sich die Blue Mountains, eine der eindrucksvollsten Gebirgs- und Tallandschaften an der australischen Ostküste, mit steilaufragenden, windzernagten Felsen und farnüberwucherten Schluchten und Hängen. Weiter südlich lagen die „Three Sisters", eine bizarre Felsformation, die hier auf der südlichen Halbkugel beinahe so bekannt ist wie bei uns der Montblanc. Ihren Namen erhielten die Blue Mountains, diese bis zu 1200 Metern aufragende Bergkette, von der merkwürdigen, bläulichen Dunstglocke der ätherischen Öle, welche von den Eukalyptuswäldern abgesondert wird.

Bei Lithgow, einer Bergarbeiterstadt, gelangten wir in die *forest zone*, die Waldzone.

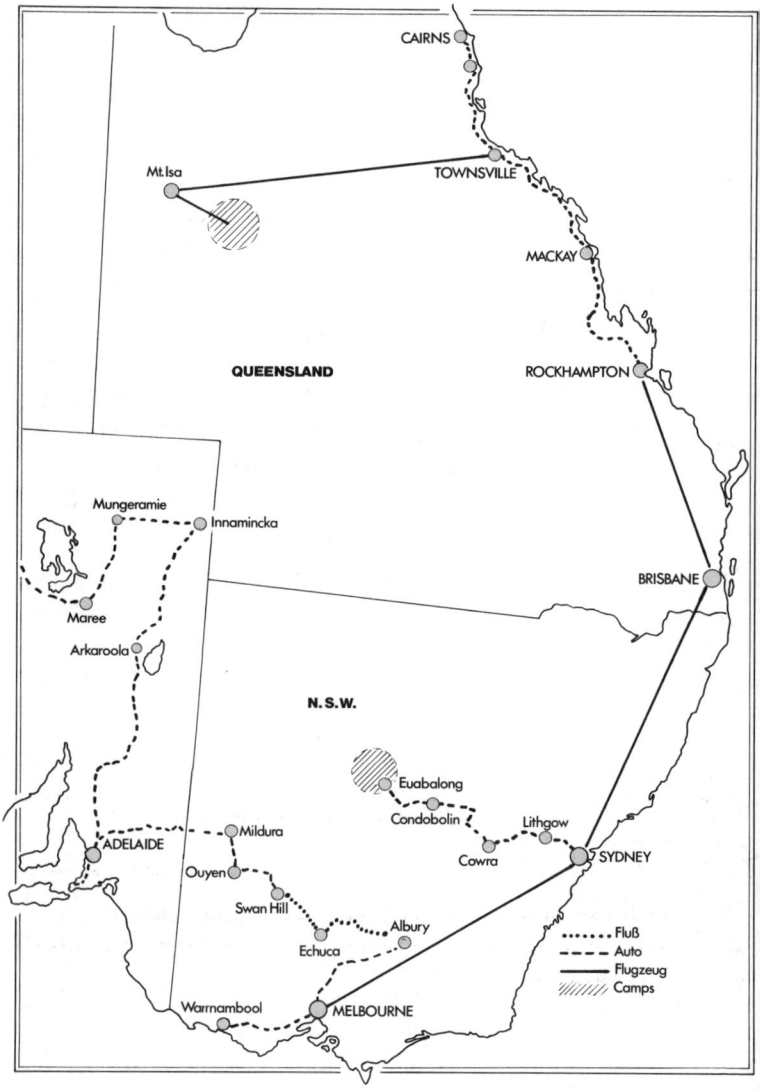

„Ende Dezember", berichtete Paul, „sind die Wälder so knochen-trocken, daß selbst ein achtlos weggeworfenes Stanniolpapier – von der Sonne erhitzt – für einen Waldbrand sorgen kann, bei dem gigantische Flächen völlig abbrennen. Feuer darfst du nur auf den von der Regierung angelegten Picknick-Plätzen machen, aber die sind an Wochenenden stets von Stadtausflüglern belegt."

Die Blue Mountains bildeten jahrzehntelang eine natürliche Barriere für die Siedler der Ostküste. Erst 1813 fanden die Pioniere Blaxland, Lawson und Wentworth einen Weg durch das bis dahin unüberwundene Gebirge. Diese Expedition führte auch zur Besiedlung der ausgedehnten Prärien um Bathurst herum.

Bathurst, bereits 1816 gegründet, liegt 200 Kilometer von Sydney entfernt. Die ganze Gegend war Schauplatz blutiger Kämpfe mit den Aboriginals, die sich verzweifelt und mit aller Macht gegen das Vordringen der verhaßten Weißen wehrten. Die Siedler schlugen brutal zurück. Für jeden, der einen Anführer der Ureinwohner – tot oder lebendig – ablieferte, war vom Gouverneur in Sydney eine Belohnung von 2 qkm Land ausgesetzt.

Ein paar Jahre später erforschte Kapitän James Sturt, dessen Regiment 1827 in Botany Bay angekommen war, die Gegend westlich von Bathurst und folgte dem Lauf des Lachlan und des Murray River bis hinunter zur südaustralischen Küste. Doch nur nach und nach konnten die weiten Ebenen besiedelt werden.

Das änderte sich allerdings schlagartig, als der Prospektor Edward Hammond Hargraves 1851 in dem 48 km von Bathurst gelegenen Summer Hill Creek ein Goldnugget mit dem Gewicht von annähernd 50 kg fand. Wie ein Lauffeuer breitete sich die Nachricht von diesem sagenhaften Fund aus. Ein wahrer Goldrausch setzte ein. Zu Tausenden strömten Abenteurer, Vagabunden, Siedler, entlaufene Sträflinge und abgemusterte Seeleute in die umliegenden Berge. Heute ist Bathurst Handels- und Geschäftszentrum für die weitverstreut liegenden Obst-, Gemüse- und Getreidefarmen.

Ein paar Meilen hinter Bathurst bog Paul unvermittelt nach links ab. Wir rumpelten eine löchrige Nebenstraße hinab.

„Was ist los?" fragte ich ihn. „Wieso fährst du nicht über Orange, Parkes?"

„Ach", meinte er nur, „die Gegend dort ist langweilig. Ich liebe die Blue Mountains. Es gibt in ganz Australien keine majestätischere Gebirgskette."

Paul übertrieb zwar gewaltig, doch war die Fahrt wirklich ein Erlebnis. In Serpentinen wickelte sich die schmale Straße an den bewaldeten Hängen entlang. Die Luft vibrierte und roch würzig nach Eukalyptus-, Akazien- und Nadelbäumen. In Cowra hielten wir, um zu tanken. Paul zahlte und kam mit zwei Cola zurück.

„Cowra gefällt mir", sagte ich. „Ein gemütliches kleines Städtchen."

„Hast recht, doch die Idylle trügt. Weißt du, während des Zweiten Weltkriegs gab es hier ein Internierungslager für japanische Kriegsgefangene. Nachdem die Japaner Bombenattacken auf Port Darwin flogen, begannen die Wachsoldaten ihre asiatischen Gefangenen zu schikanieren, reduzierten die ohnehin schon spärlichen Lebensmittelrationen und ließen die Kriegsgefangenen zum Teil verdursten. In der Nacht vom dritten auf den vierten August versuchten die verzweifelten Japaner einen Massenausbruch. Als der Versuch scheiterte, befahlen die fanatischen japanischen Offiziere ein Massen-Harakiri. Es war entsetzlich. Über zweihundertdreißig Japaner starben, viele wurden grausam verstümmelt. Eine der größten Tragödien in der neueren australischen Geschichte. Selbstverständlich fand sie keinen direkten Weg in die Medien. Noch heute wird das Gemetzel von Cowra gerne totgeschwiegen", beendete Paul seinen kleinen Vortrag.

Gemächlich schaukelte der Datsun in Richtung Forbes dahin. Die Vegetation war spärlicher geworden, das Land flacher, trockener, beherrscht von Mulga-Gras und Mallee-Büschen. In einiger Distanz floß der Lachlan River. Seine Ufer waren von mächtigen Eukalyptus-Stämmen gesäumt.

„Der richtige Platz für eine Rast." Paul lenkte den Wagen von der Straße und steuerte direkt auf den Fluß zu. „Wir werden uns ein Feuer machen und Tee kochen", entschied er.

„Meinst du nicht, wir sollten weiter bis Forbes fahren und uns dort in eine Snackbar hocken", schlug ich vor. Erfolglos. Paul gehörte zu jener Spezies Mensch, die den Busch, das Outback, über alles liebten – das hatte ich inzwischen feststellen können.

Wir holperten ein paar hundert Meter am Fluß entlang und hielten auf einer leichten Anhöhe. Der Lachlan machte hier einen Knick nach Norden. Im Wasser spiegelten sich die Bäume. Ein Schwarm Sittiche flog kreischend davon, als ich ein wenig zu heftig die Wagentür zuknallte. Ansonsten war es still. Wir sammelten dürres trockenes Holz. Dann zündete Paul mit seinem vorsintflutlichen Feuerzeug die ausgebleichten Grasbüschel an. Er rammte einen dicken Ast in den Boden und befestigte einen unserer gekauften Alu-Töpfe daran. Als das Wasser zu simmern begann, schüttete er eine Handvoll Tee hinein. Ich beobachtete, wie geschickt er dabei vorging. Er mußte schon Hunderte solcher Feuerstellen angelegt haben.

„Wirf doch ein paar trockene Eukalyptusblätter in den Topf. Das gibt dem Tee eine besondere Geschmacksnote."

„Dein Ernst?" fragte ich zögernd.

„Mein Ernst. Es schmeckt wirklich." Er schöpfte mit einer zerbeulten Blechtasse Tee aus dem Topf und hielt sie mir entgegen. „Das ist echter „Billy-Tee, so wie ihn die *walkabouts, swagmen und sundowner* (Erklärung s. S. 219) zu trinken pflegen", belehrte er mich. „Du solltest übrigens immer deinen Tee mit Milch trinken."

Er ließ etwas Milchpulver in seine Tasse rieseln und rührte alles mit einem dürren Zweig um.

„Warum eigentlich? Ohne schmeckt er mir besser."

„Damit du die Fliegen im Tee besser sehen kannst." Wir lachten beide. „Wart nur ab, bis wir mal ins *cattle country*, ins Rinderland, kommen, dort gibt es mehr Fliegen als Grashalme."

Wir aßen Käse mit Crackern, etwas Hartwurst und Trockenobst. Über uns ein Himmel so blau wie ein Saphir. Bedächtig driftete die Sonne nach Westen, den unendlichen Weiten entgegen. Ein sanfter Wind kräuselte die Wasseroberfläche und ließ die

Eukalyptusblätter leicht rascheln. Irgendwo zirpten Grillen. Im Fluß trieben kleine Grasinseln, Borke und aufgeschwemmte braune Holzstückchen.

„Ist dieses Land nicht unsagbar schön? Ich könnte tagelang hier am Fluß liegen, in den Himmel starren und die Wolken zählen . . .“

„Du vergißt“, unterbrach ich meinen Gefährten, „daß wir morgen mittag in Euabalong sein sollen.“

„Ach, die Arbeit“, gähnte Paul. „Werd bloß nicht unromantisch. Laß uns lieber den Tag genießen. Bis Condobolin schaffen wir es heute allemal.“

Er rappelte sich auf und holte aus unserem Vorrat die Marshmallows.

„Ich zeig' dir was, Bernie. Gegrillte Marshmallows. Meine Leidenschaft.“

„Du willst dieses labbrige Zeug grillen?“

„Klar. Schmeckt einfach köstlich. Wirst schon sehen.“ Paul spießte zwei, drei dieser rosigen Dinger auf einen dünnen Zweig und drehte ihn im Feuer, bis die Marshmallows „gar“ waren. Er schnalzte genüßlich mit der Zunge, pustete und schob das unansehnliche Zeug in den Mund.

„Ich könnte dafür sterben“, seufzte er.

Ich schüttelte angewidert den Kopf. „Eher esse ich gebratene Schlangenbrust oder Känguruhschwänze.“

„Das wirst du, Bernie, ganz bestimmt wirst du all das essen – und dabei mit den Augen rollen, weil es so verdammt delikat ist!“

„Du scheinst dich ja auszukennen.“

„Will ich meinen. Hab' viel von meinem Vater gelernt. Der hat zwanzig Jahre als Schafscherer das Land durchstreift und mir 'ne Menge Tricks beigebracht.“

Wir löschten das Feuer mit Sand und Wasser, verstauten den restlichen Proviant und setzten die Fahrt fort. Diesmal fuhr ich. Paul hockte neben mir, legte die Füße aufs Armaturenbrett und begann zu singen. Er hatte eine recht ordentliche Stimme.

Von Forbes ging es nach Parkes, wo die Asphaltstraße aufhörte.

Ausgedehnte Weizenfelder umgaben die Stadt wie ein Kragen. Die starken Regenfälle der letzten Tage hatten die Felder in eine Teichlandschaft verwandelt. Es roch nach feuchter Erde.

„Wenn wir Zeit hätten, könnten wir nach Alextown rausfahren. Dort steht eines der weltgrößten Radioteleskope. Gehört zwar der CSIRO, unserem Institut für Weltraumforschung, wird jedoch überwiegend von den Amis benutzt. Bei denen ist einfach alles *clean* und künstlich. Da waren mal welche drüben in Alice Springs. Sie standen vor dem Ayers Rock, der gerade in seinen schönsten Farben strahlte. Alle Anwesenden waren fasziniert. Bis auf die Amis. Die wollten bloß wissen, wo die Klimaanlage war. Kein Verständnis für die allmächtige Natur haben diese Kaugummikauer aus den Staaten. Aber lassen wir das. Du hast mich abgelenkt. Also, paß auf, dieses Radioteleskop ist einmalig. Allein der Parabolspiegel hat einen Durchmesser von nicht weniger als vierundsechzig Metern. Die Sockelhöhe entspricht achtzehn Stockwerken. An bestimmten Tagen kannst du die Anlage besichtigen."

Die Strecke nach Condobolin, gewöhnlich eine staubige Piste mit Rubbelbrett-Charakter, war aufgeweicht und morastig. Wir schleuderten durch den aufspritzenden roten Schlamm die fast schnurgerade Straße dahin und erreichten noch vor Einbruch der Nacht Condobolin. Eine Main Street, rechts und links ein paar ein- bis zweigeschossige Häuser mit Wellblechdächern. Viel mehr gab's nicht. Vor einem roten Backsteinhaus parkte ein Dutzend Autos. Das konnte nur das Hotel sein. So war's auch.

„Geh du gleich in den Schankraum, und bestelle uns zwei Bier. Ich frage den Landlord, ob er ein Zimmer für uns hat."

„Wird gemacht, Sir."

Drinnen war dicke, verqualmte Luft. Am Tresen lehnten ein paar Farmer in durchgeschwitzter Arbeitskleidung. Sie standen mit ihren schlammverschmierten Stiefeln in einer dicken Schicht Sägemehl, mit dem der gesamte Raum ausgestreut war. Ich nickte freundlich in die Runde.

„Zwei Bier!"

Condobolin, ein langweiliges Outback-Nest

„*Middies* oder *schooner?*"

„Große, bitte!"

„Also *schooner!*" sagte der Wirt.

„Ja, ähm . . . ja", murmelte ich unsicher.

Sieben Augenpaare blickten mich an. Sieben entschlossene, wettergegerbte Gesichter schienen näher zu rücken.

„Wohl fremd hier, eh?" fragte ein alter Farmer mit speckigem, ausgefranstem Filzhut auf dem kantigen Schädel.

Ehe ich eine Antwort geben konnte, schob sich Paul neben mich. „*All right, guys, it's our shout*" – was soviel bedeutete wie: Wir geben einen aus. Sofort waren wir umringt. Sieben Hände stießen mit uns an, Fragen prasselten auf uns ein. Paul berichtete den neugierigen Farmern, daß wir für die AMOCO arbeiten würden. Natürlich übertrieb er ein bißchen. Machte aus uns Assistenten gleich zwei gestandene Geologen. Die Farmer nickten zwar anerkennend, doch hatte ich den Eindruck, daß sie Pauls

Geflunker nicht so richtig ernst nahmen. Wir tranken zusammen einige Gläser, dann brachen die meisten auf.

„Die fahren heim zum Steakessen und Fernsehen", bemerkte Paul.

„Du sagst das so verächtlich, du wirst doch wohl nicht neidisch sein?"

„Ach was, im Gegenteil, ich hab' Mitleid mit den alten Burschen. Haben ja kaum Abwechslung im Leben."

„Sie haben sich ihr Leben selbst ausgesucht, du mieser Stänkerer. Außerdem, wer weiß, ob du nicht in fünf Jahren in einem ähnlichen Kaff nach der täglichen Arbeit an der Theke rumhängst, ein paar Bierchen kippst und dann heim zu deiner Frau fährst, die mit Lockenwicklern im Haar und einer Faltencreme-Packung im Gesicht schon ungeduldig auf dich wartet."

„Hör auf", prustete er los, „mal den Teufel nicht an die Wand!"

Wir vertraten uns noch ein wenig die Füße, schlenderten die Hauptstraße hinauf und auf der anderen Seite wieder hinunter. „So, jetzt können sie hinter uns die Bürgersteige hochklappen."

Euabalong. Ein verlorener Haufen flacher Häuser irgendwo im weiten Tafelland des Lachlan River. Am Ortseingang zwei Hausruinen, davor allerlei Gerümpel, leere Kisten, ein Autowrack, zwei zerschlissene Sofas, Schrott, ein zerbeulter Kühlschrank. Einige Kinder spielten „Fangen". Schwarze.

„Hausen die ‚Abos' alle so?" fragte ich Paul, als wir langsam die Straße entlangzuckelten, die mitten durch Euabalong führte. Lediglich im Bereich des barackenähnlichen Hotels war die Fahrbahn asphaltiert.

„Die Aboriginals sind ein echtes Problem. Sie kommen praktisch aus der Steinzeit und werden brutal mit der Wirklichkeit des zwanzigsten Jahrhunderts konfrontiert. Die Männer versaufen ihren Verstand, ihre Frauen prostituieren sich für ein paar Dollar, und die Kinder verwahrlosen. Es ist sehr traurig."

Wir parkten unseren Wagen neben einem rotverschlammten Landrover, dessen weiße Lackierung man nur erahnen konnte.

„Wollen wir wetten, daß der Senior-Geologe schon drinnen hockt, und daß der Wagen ihm gehört?"

„O.k., Paul, die Wette gilt."

Ich schlug ein. Der Barraum war wie ausgestorben. Paul räusperte sich laut.

„Anybody at home?"

Schlurfende Schritte näherten sich. Eine Seitentür wurde aufgestoßen.

„Hi, ihr beiden."

Hinter den Tresen schob sich eine Frau, aber was für eine: Alter zwischen dreißig und sechzig, also undefinierbar, Lebendgewicht über 130 Kilogramm, Größe mindestens 180 Zentimeter, eine Mulattin.

„Wir sind mit einem Geologen verabredet", begann Paul, nachdem er sich von dem kleinen Schrecken erholt hatte.

„Der Kerl ist hier gewesen. Drüben bei Miss Griffin im Post Office lungert er jetzt rum. Bei dieser zickigen Alten, die alles weiß, was bei uns passiert. Dieses Klatschmaul weiß immer mehr als der *Sydney Morning Herald*. Was ist mit euch, gebt ihr mir einen Drink aus?"

„Ja, der da." Paul puffte mich in die Seite. „Bestell uns mal was Anständiges."

„Für uns zwei Limo mit Bier, na, und für Sie . . ., was Sie sonst so trinken."

„Rum, mein Kleiner", dröhnte diese dunkle Walküre mit tiefer Baßstimme. „Besten Rum aus Bundaberg aus Queensland."

„Schätze, Ma'am, das ist ein guter Tropfen?"

„Worauf du dich verlassen kannst, Bürschchen. Hab' das Zeug dazu selbst geerntet. Aber da war ich noch ein paar Jährchen jünger."

„Lady", mischte sich Paul nun ein, „die Zeit ist an Ihnen spurlos vorbeigegangen."

„Lieb, Kleiner", sie grinste wie ein Honigkuchenpferd, „das hast du richtig nett gesagt. Übrigens, da kommt der Kerl, auf den ihr wartet."

Wir drehten uns um. Andrew sah ganz anders aus als ein Geologe, der sich seit Wochen im Busch herumtrieb. Vor uns stand ein sommersprossiger, schlaksiger rotblonder „Spät-Twen" in sorgfältig gebügelter hellblauer Leinenhose und sandfarbenem Hemd.

„Well", sprach der Milchbubi herablassend, „ihr seid also die beiden Assistenten, die ich beantragt habe. Ich bin euer Vorgesetzter. Trotzdem könnt ihr, wenn ihr wollt, Andrew zu mir sagen. Wir wollen gar keine Zeit verlieren und gleich zum Camp fahren."

Paul schaute mich an, ich schaute ihn an. Wahrscheinlich dachten wir beide das gleiche. Andrew machte auf dem Absatz kehrt. Die Barfrau tippte sich eindeutig auf die Stirn. Ich nickte ihr zu und zahlte. Wir folgten unserem „Vorturner" wie zwei gut dressierte Hunde, stiegen in unseren Wagen und fuhren hinter ihm her.

„Netter Kerl", höhnte Paul.

„Ich bin froh, daß es geregnet hat und die Piste verschlammt ist.

Unser Camp im Outback – Heimat für drei lange Monate

Stell dir vor, wir müßten auch noch seinen Staub schlucken!"

„Das ist richtig, Bernie-Boy, aber ich vermute, wir werden in der nächsten Zeit dennoch einiges zu schlucken haben. Dabei fing der Job so gut an."

Wir überquerten den Schienenstrang drei Meilen hinter Euabalong. Die ausgefahrene Piste knickte nach Nordwesten ab und verlief zunächst schnurgerade durch eine weite Graslandschaft. Wir schreckten ein paar weidende Schafe und einen Schwarm „Galans" – grau-rosa Papageien – auf, der sich mitten auf der Straße niedergelassen hatte. Nach dreißig Meilen tauchten einige Hügel auf. Der Landrover reduzierte die Geschwindigkeit und blinkte nach rechts.

„Paß auf, er will abbiegen!"

Ich riß das Steuer herum. Wir schossen über eine Bodenwelle und krachten voller Schwung auf eine zweite. Die Stoßdämpfer schlugen gegen das Blech. Im Zickzack raste Andrew durch den dichten Busch. Selbst ein Meter hohe Büsche waren kein Hindernis für seinen Wagen.

„Jetzt will er es uns zeigen. Bleib ihm an der Stoßstange kleben!"

„Da kannst du Gift drauf nehmen!"

Ich kurbelte wie ein Wilder. Wir schlingerten einen mit tiefen Pfützen bespickten Pfad lang. Ein paarmal drehten die Räder durch, doch schafften wir es, dicht hinter dem Landrover zu bleiben. Nach weiteren fünfzehn Meilen waren wir am Ziel. Auf einer kleinen Lichtung, beschattet von stattlichen *gum trees*, standen zwei Wohnwagen, ein großes grünes Zelt und ein weiterer Allradwagen, ein Nissan Patrol.

„Nettes Fleckchen", unkte Paul, „bin gespannt, wie der andere Typ aussieht."

Im selben Moment erschien aus dem Zelt eine hagere, asketische Gestalt mit einem zerknautschten Filzhut auf dem Kopf. Der Mann war um die vierzig.

„Schön, daß ihr da seid. Willkommen in Ost-Australiens ertragreichster Kupfermine – sofern wir sie finden. Ich heiße David Jones." Er streckte uns freundlich die Hand entgegen. „Aber alle nennen mich nur Dave. Ich hoffe, ihr habt einen ordentlichen Hunger. Es gibt Steak und Eier."

Dave schien in Ordnung zu sein. Er hatte ein sympathisches, verwegenes Gesicht, das von einem eisgrauen Stoppelbart umrahmt war. Selbst beim Sprechen nahm er seine Zigaretten- kippe nicht aus dem Mund. Sein Pullover war arg zerlöchert. Wahrscheinlich hatten die Motten auf ihm eine Freßorgie veran- staltet. Vor dem Zelt, in dem sich die Küche verbarg, war ein Holztisch aufgestellt.

„Ihr könntet mir zur Hand gehen", sagte Dave und spuckte seine Kippe aus, bevor sie ihm den Bart ansengte. Daß er viel rauchte, konnte man sehen. Sein Schnurrbart war vom Nikotin schon gelbbraun gefärbt.

Paul und ich deckten den Tisch. Andrew hatte sich in einen der Wohnwagen zurückgezogen, tauchte aber auf, kaum daß Dave die Steaks serviert hatte. Wahrscheinlich hatte er hinter der Gardine gestanden. Ein komischer Vogel! Nach dem Essen, bei dem er kaum drei Sätze gesagt hatte, stand er auf, trug Teller und Besteck in das Zelt, trat schnell wieder heraus, kletterte in den Landrover und fuhr davon.

„Sag mal, Dave, ist der immer so?"

„Im Prinzip schon. Andrew ist ein wenig menschenscheu, hat Hemmungen und so. Dies ist sein erster Einsatz im Busch. Hat erst vor drei Monaten sein Examen gemacht. Theoretisch weiß er alles." Dave zündete sich eine Zigarette an, die er mit einer Hand, während er mit uns sprach, gedreht hatte. „Aber praktisch ist er ziemlich unerfahren."

„Was läuft hier eigentlich?" erkundigte ich mich. „Nach was suchen wir überhaupt?"

„Kann ich dir sagen. Aber sei so nett, und hol uns vorher drei Dosen Bier aus dem Kühlschrank."

Ich tat's, und Dave begann zu berichten: „Vor einigen Monaten haben wir mit einem Spezialflugzeug eine Vermessung vorge- nommen. Die Maschine flog in einer bestimmten Höhe exakt aneinandergereihte Parallelschleifen. Im Bug so einer Maschine ist ein Transmitter, der elektromagnetische Wellen nach unten aussendet, die über einen Empfänger am Heck eingefangen und aufgezeichnet wurden. Eventuelle im Boden vorhandene Metalle können so an Hand der Veränderung des elektromagnetischen Kraftfeldes nachgewiesen werden, weil sie in unterschiedlicher Form die empfangenen Wellen verändern . . .“

„Und ihr wart erfolgreich! Was habt ihr denn entdeckt?“

„Bislang noch nichts Konkretes, allerdings vermuten wir auf Grund der Meßergebnisse mit dem Flugzeug Molybdän, Kobalt, Nickel, Kupfer und Silber.“

„Silber!“ Ich pfiff durch die Zähne. „Das klingt ja ganz nach Schatzsuche.“

„Ist es auch. Eine Bodenschatzsuche. Und morgen fangen wir an. Vielleicht werden wir fündig.“

Am nächsten Morgen kurz nach Sonnenaufgang begann für uns im Busch der Arbeitsalltag. Wir warfen eine Münze: Zahl gewinnt, Kopf verliert. Paul verlor, das hieß, er mußte mit Andrew ausrücken.

„Trag dein Schicksal wie ein Mann“, tröstete ich ihn. Dave hatte schon alles vorbereitet und das benötigte Werkzeug im Nissan Patrol verstaut. Es war ein wunderschöner Morgen. Der Tau glänzte auf dem Gras, und die Spinnweben glitzerten wie kostbare Perlenkolliers. Kakadus kreischten mit den Kookaburras um die Wette. Wir stießen auf eine Gruppe Känguruhs, die in weiten Sätzen vor uns die Flucht ergriffen. Schafe blökten uns verstört an und nahmen ebenso Reißaus, wie die zahlreichen Wildkaninchen, die den Busch bevölkerten.

„Kaninchen sind eine regelrechte Landplage“, brummte Dave, „sie vermehren sich wie Unkraut und unterminieren die ganze Gegend.“

Verächtlich spuckte er seine ausgegangene Kippe aus dem Fenster und trat das Gaspedal durch. Der Nissan schoß nach vorne. Plötzlich ein Krachen, als ob wir gegen eine unsichtbare Wand geknallt wären. Ich flog nach vorn, prallte mit dem Kopf unter das Dach und wurde im selben Moment wieder in den Sitz katapultiert. Wir steckten fest.

„*Bloody rotten rabbits!*" tobte Dave. „Diese Mistviecher von Kaninchen. Sind wir doch glatt in einem ihrer unterirdischen Bauten versackt!"

Ich rieb mir meinen Schädel. Das würde eine Beule geben, so groß wie ein Hühnerei. Dave kratzte sich am Kinn und zündete sich erst einmal eine neue Selbstgedrehte an. Der Nissan saß bis über beide Achsen in weicher, rotbrauner Erde. Sah gar nicht gut aus.

„Ist dir das schon mal passiert?"

„Aber sicher, Kamerad", preßte David durch die Zähne, „letzte Woche gleich zweimal. Da, nimm dir die Schaufel, und fang an zu graben."

Er drückte mir einen Klappspaten in die Hand. Ich schaufelte wie besessen drauflos. Nach zehn Minuten löste Dave mich ab. Zum Glück war der Boden weich. Wir buddelten rings um den eingebrochenen Wagen – bis zum Mittag. Dann machten wir eine kurze Pause, tranken Tee und aßen Kochschinken aus der Dose und das mitgebrachte lappige Weißbrot. Nach dem Essen legten wir vor dem Nissan eine Rampe an, die wir mit Ästen und großen Rindenstücken befestigten.

„Paß auf!" bestimmte Dave. „Ich fahre jetzt im zweiten Gang ganz langsam an. Versuch du, hinten ein bißchen zu schieben. Wäre doch gelacht, wenn wir die Kiste hier nicht rauskriegen." Er hockte sich rein und startete.

„Jetzt!"

Ich stemmte mich mit aller Kraft gegen das Heck. Die Hinterräder drehten durch, als Dave die Kupplung kommen ließ. Dreck und Schlamm wirbelten mir ins Gesicht. Reifen und Getriebe jaulten. Mir traten vor Anstrengung die Adern fast aus den Schläfen.

„Komm schon, du Mistkerl!" brüllte ich.

In dem Moment faßten die Vorderräder. Mit einem Ruck war der Wagen aus dem Loch. Ich klatschte der Länge nach hin und schluckte eine Handvoll roter Erde. Der Job fing wirklich gut an.

Buschdusche

Fast eine ganze Woche brauchten wir, um mit Motorsägen und langstieligen Äxten eine 2,5 Kilometer lange Schneise, gerade wie ein exakt gezogener Mittelscheitel, quer durch den Busch zu schlagen – unsere *base line*. Sie lief direkt auf den magnetischen Nordpol zu. Wir malochten wie blöde, und wenn wir abends müde im Camp eintrudelten, waren wir geschafft: zerschunden von stacheligen Spinifex-Büschen, zerkratzt von Dornen und zerstochen von blutgierigen Moskitos. Die Fliegen, die in Mund, Nase und Ohren krochen, waren noch das kleinste Übel. Gebadet wurde zweimal pro Woche – unter einer „Buschdusche". Über einem Feuer wurde ein mit Wasser gefülltes, rostiges Blechfaß installiert. War das Wasser einigermaßen warm, wurde es mit Eimern in einen Gummisack geschöpft, an dem unten ein Brausekopf befestigt war. Das Ganze wurde an einem Baum hochgezogen. Dann stellte man sich darunter und versuchte mit dreißig bis vierzig Litern Wasser den klebrigen, roten Staub vom Körper zu schwemmen. Ein hoffnungsloses Unterfangen. Deshalb nutzten Paul und ich jedesmal die Gunst der Stunde, um am Samstagabend, wenn wir zusammen mit Dave nach Euabalong brausten, im trüben Wasser des Lachlan zu baden.

Dave klinkte sich derweilen an der Bar des Euabalong-Hotels ein. Dieser Samstagabend, den wir bis zum „Last-Order-Signal" am Schmuddel-Tresen mit den trinkfreudigen Farmern aus der Umgebung verbrachten, stellte eine der wenigen Abwechslungen in unserem Arbeitsalltag dar. Wir arbeiteten sieben Tage in der Woche. Was hätten wir auch sonst in diesem abgelegenen Ort machen sollen? Samstag und Sonntag wurden als Überstunden mit 50 % Sonderzuschlag für uns verbucht, was auch nicht zu verachten war.

Die Wochen dehnten sich wie Kaugummi. Andrew wurde nach vierzehn Tagen von Brice M. Roxburgh vom Sydney Office abgelöst, was uns nicht gerade traurig stimmte. Brice blieb zehn Tage. Bis dahin waren Paul und ich so weit eingearbeitet, daß wir selbständig operieren konnten.

Von der Basislinie, jener unglaublich geraden Schneise im Busch, legten wir im Winkel von 90 Grad sogenannte *grid lines* an, Meßlinien von einigen hundert Metern Länge, die alle fünfundzwanzig Meter eine Markierung erhielten. Wenn nicht gerade ein Baum im Weg stand, an dem wir diese Markierung – eine kleine Blechplatte mit bunten Plastikbändern, die lustig im Wind flatterten – befestigen konnten, rammten wir mit Vorschlaghämmern Holzpfähle in den Boden.

Für diese Arbeit brauchten wir fast vier Wochen.

Weihnachten feierten wir im Euabalong-Hotel. Silvester lud uns Ian McGiness, der Mann, auf dessen Boden wir nach Schätzen suchten, in den Bowling-Club von Condobolin ein. Es war eine der langweiligsten Parties, die ich je erlebte. Aber wenigstens bekamen wir dort mal wieder Frauen und Mädchen zu sehen.

Das neue Jahr begann mit einer Hitzeperiode. Gegen Mittag maßen wir meistens um 36 Grad im Schatten. Selbst nachts kühlte es kaum ab. Es war wie in einem gigantischen Backofen, der tagsüber ordentlich aufgeheizt wurde und der nachts die Hitze wieder abgab. Wir schliefen im Freien unter Moskitonetzen. In den Wohnwagen war es so heiß, daß man kaum atmen konnte.

Gottlob war die Arbeit einigermaßen erträglich. In regelmäßigen Abständen schritten wir die *grid lines* ab und unternahmen Messungen mit dem Magnetometer – eine Art Geigerzähler –, die wir in Tabellen und Karten übertrugen. Die von uns am „Boothumble" entnommenen Erdproben waren vom Labor in Sydney positiv eingestuft worden. Sie enthielten einen hohen Anteil Kupfer und Nickel. Sollten wir wirklich auf Anhieb Glück gehabt haben?

AMOCO beauftragte eine Firma aus Broken Hill mit Tiefbohrungen. Mitte Januar rückten sie an: zwei Mann mit einem Bohrwagen. Während Paul und Dave weitere Messungen und Bodenuntersuchungen vornahmen, blieb ich bei den *drillers*, die an einem halben Dutzend Stellen Bohrungen bis 400 Meter Tiefe unternahmen. Jedesmal, wenn sie das Bohrgestänge verlängerten, mußte ich eine Bodenprobe in eine Tüte abfüllen, beschriften und sortieren – eine Arbeit für Einfaltspinsel.

Weil die Hitze anhielt, mußten wir das Wasser erheblich reduzieren. Wir duschten nur noch einmal pro Woche mit der halben Ration Wasser. Zum Teekochen benutzten wir Mineralwasser aus Plastikflaschen. Die Gesellschaft schickte uns fünf zusätzliche Leute: drei Geologiestudenten von der Uni, einen kanadischen Geophysiker und einen Kartographen. Ian McGiness vermittelte uns dazu einen Koch. Stuart war Halbaboriginal und jahrelang *stockman* gewesen. Wegen einer Rückenverletzung konnte er nicht mehr in den Sattel steigen.

Daß Stuart oft auf Pferden gesessen hatte, konnte man deutlich sehen – er hatte unheimliche O-Beine. Kochen war leider nicht seine Stärke, doch er bemühte sich redlich. Geschickter war er mit seinen Händen: aus Schnüren, Bastfasern, Draht und Lederresten stellte er das schönste Zaumzeug für Pferde her.

Der Halbaboriginal – seine Mutter war eine Schwarze, sein Vater ein schottischer Minenarbeiter aus Mount Isa – kannte allerhand Geschichten über das Outback. Er erzählte uns beim flackernden Lagerfeuer, während wir in den Himmel starrten und das Kreuz des Südens suchten, von Känguruhs mit zwei Schwänzen, Riesen-Emus, groß wie Giraffen, und sagenhaften Goldadern in der südaustralischen Wüste. Natürlich glaubte ihm niemand ein Wort.

Einmal fragte er mich: „Sag mal, du bist doch aus Deutschland?"

„Ja, bin ich."

„Und wie viele Leute leben dort?" fragte er weiter.

„Na, so um die sechzig Millionen."

„Was?" rief Stuart verwundert. „So viele! Das ist ja interessant. Ich dachte, dort lebten nur drei Leute."

„Drei?" Jetzt war ich es, der sich wunderte.

„Ja, drei", beteuerte Stuart bedächtig. „Kaiser Bill, der Rote Baron mit seinem Doppeldecker und der kleine Mann mit dem komischen schwarzen Schnurrbart!"

Alle brüllten vor Lachen. Ja, so war unser Koch. Als die

Geologiestudenten nach drei Wochen wieder nach Sydney zurückkehrten, bedeutete das für Stuart die Kündigung.

„Macht nichts", sagte er, „ich wäre ohnehin bald gegangen."

„Was hast du jetzt vor?" fragte ich, als ich ihn nach Euabalong fuhr.

„Oh, ich denke, ich bleibe ein paar Tage in Joe's Kneipe, und dann gehe ich wohl nach Dubbo – Spargel stechen oder Tomaten pflücken."

„Viel Glück, Stuart. Halt die Ohren steif!"

Mit seiner nach vorne gebeugten Körperhaltung schlurfte er schnurstracks in das Euabalong-Hotel, um sich einen Rausch anzutrinken. Ich würde ihn vermissen.

Doch am nächsten Tag, als ich ein Telegramm nach Sydney durchgeben mußte, traf ich ihn schon wieder.

Vor einer der armseligen Hütten am Ortseingang von Euabalong lag er auf der Motorhaube eines ausgeschlachteten Ami-Schlittens und schlief. Am Boden lagen einige leere Bierdosen.

Unser „Dienstwagen"

„Wach auf, alter Buschmann!" Ich rüttelte ihn kräftig. Vor Schreck wäre er beinah vom Auto gekullert.

„Du wirst doch nicht deinen ganzen Lohn versoffen haben?"

„Nein, nein, ein paar Dollar habe ich noch." Er kratzte sich den Kopf. „Hast du Zeit?"

„Für dich immer."

„O.k., Kumpel. Kannst mir 'nen Gefallen tun?"

„Gern."

„Meine Tante und ich wollen Verwandte in der Aboriginal-Mission besuchen. Kannst du uns hinfahren."

Ich erklärte mich einverstanden.

Stuart zerrte mich in die Hütte. Im Halbdunkel erkannte ich eine feiste Negerin, die am Herd stand.

„Das ist Eileen, meine Tante. Eileen, das ist Bernard. Er ist aus Deutschland und will uns zur Mission fahren."

Eileen schwappte auf mich zu, lachte über das ganze Gesicht und preßte mich überschwenglich an ihren gewaltigen Busen. Fast wäre ich erstickt.

„Aus Germany, wie schön! Genau wie die Platte, die ich mir immer so gern anhöre."

Sie kramte aus der hinteren Ecke eines offenen Schränkchens eine arg zerkratzte Schallplatte hervor: „Tango Argentino" mit Juan Lossas. Der hatte in den 30er Jahren bei uns ungewöhnliche Triumphe mit seinem Orchester gefeiert. Wie die Scheibe ihren Weg in diese armselige Hütte gefunden hatte, wußte nicht einmal mehr die kugelrunde Tante.

„Komm, laß uns tanzen", flüsterte mir Eileen zu, „ich tanze so gerne."

Ehe ich mich versah, legte sie die Schellack-Scheibe auf einen uralten Plattenspieler, riß mich an sich und schob mit mir durch die Hütte. Sie wirbelte mich herum wie einen Sandsack und hatte einen Riesenspaß dabei. Wenn sie glucksend lachte, bebte ihr ganzer Körper. Stuart klatschte sich vor Begeisterung auf die Schenkel.

„Mann, ihr seid großartig. Tanzt weiter!"

Er drehte die Platte um. Diesmal war es ein Foxtrott. Eileen tanzte grazil wie ein Nilpferd. Sie riß mich herum, drehte und schob mich, wie es ihr gefiel. Sie hatte Kräfte wie ein Bär. Nach dem dritten Tanz konnte ich mich befreien und einen Schwächeanfall vortäuschen.

„Die ungewohnte Hitze", log ich. Mitleidsvoll flößten sie mir eine Dose Cola ein.

Nach zwei Stunden waren sie endlich soweit, daß ich sie in die zwanzig Meilen entfernte Aboriginal-Mission fahren konnte.

Was ich dort sah, versetzte mir einen Schock: Autowracks, stinkende Müllhaufen, leere Fässer. Konservenbüchsen – Dreck, Unrat, wohin man sah. Kinder mit spindeldürren Beinchen spielten mit zerschlissenen Autoreifen. Im Schatten eines rostigen Wellblechdachs dösten ein paar Alte. Jugendliche in abgerissener Jeanskleidung ließen eine Whiskyflasche kreisen. Aus dem Transistorradio plärrte Rock-Musik. Ihre Zukunftsperspektiven waren trostlos. So wie ihnen erging es wahrscheinlich allen Aboriginals. Am Rande der Zivilisation fristeten sie ein erbärmliches Dasein. Alkohol, Drogen und Krankheiten kennzeichneten zusätzlich ihren Verfall. Eines der letzten Urvölker der Erde siechte heimlich und unbemerkt von der übrigen Welt dahin.

Deprimiert und nachdenklich ließ ich Eileen und Stuart bei ihren Leuten zurück.

Die Aboriginals sind eine der ethnologisch interessantesten Rassen der Menschheit. Vor schätzungsweise 40 000 Jahren wanderten sie über eine damals bestehende Landbrücke aus Südostasien ein. Der älteste Skelettfund, ein Frauenskelett, das man in Neusüdwales vor einiger Zeit entdeckte, wird von Wissenschaftlern auf ein Alter von 26 000 Jahren geschätzt.

Als Captain James Cook 1770 die Küste Queenslands entlangsegelte, lebten auf dem unbekannten Kontinent 300 000 Ureinwohner. Heute sind sie auf 140 000 zusammengeschrumpft. Allerdings, nicht einmal die Hälfte davon sind noch reinblütig. 45 000 existieren in geschlossenen Stammesverbänden, die meisten in den großen von der australischen Bundesregierung geschaffenen

Reservaten im Landesinneren. Sie leben wie in der Steinzeit, fertigen ihre Werkzeuge und Geräte wie vor 10 000 Jahren. Sie jagen mit Speer, Bumerang und Keule Känguruhs und Emus, fischen in den Flüssen und sammeln Beeren, Wurzeln und Gräser.

Ihre Kultur ist für uns so unverständlich wie der Glaube der Eingeborenen über ihre Herkunft. Die einzelnen Stämme halten sich in ihrer Existenz für Bestandteile der Natur, aus der sie ebenso wie Steine, Bäume oder Flüsse von ihren göttlichen Vorfahren in der „Traumzeit" geschaffen wurden. In der Eingeborenen-Mythologie sind die Urahnen spirituell stets existent. Mal schlüpfen sie in Tiere wie Adler, Emus, Schlangen, Krokodile oder Känguruhs, mal verwandeln sie sich in Wasserlöcher, Felsen, alte Bäume oder Steinhaufen.

Überall gibt es heilige Orte, wo auf Felsen Szenen aus der Mythologie und dem Leben der Ureinwohner gemalt sind. Die schönsten und ältesten Felsmalereien findet man im Arnhemland. Wie lange sie noch bestehen werden, ist fraglich, denn die Großraumbagger der Uranminen-Gesellschaften fressen sich unaufhaltsam in die Stammesgebiete der Eingeborenen vor.

Fünf Millionen Dollar hat die Regierung den „Steinzeitmenschen" pro Jahr als Entschädigung gezahlt. Was soll aber ein Stamm mit Geld machen, das er weder braucht noch verwenden kann, wenn ihm sein Wertvollstes, sein Land, genommen wird? Hier wird ein unschuldiges Naturvolk den Interessen der westlichen Atomindustrie geopfert. Was sind schon eine Handvoll primitiver Wilder von vorgestern gegen die Welt von morgen?

Traumküste mit Tücken und ein verrücktes Paar

Am 15. Februar kündigte ich den Job. Auf meinem Konto bei der Commonwealth Bank in Condobolin lagen fast 4200 Dollar – der Lohn für knapp drei Monate harter Arbeit im Busch. Außerdem

stand ich kurz vor einem Lagerkoller. Die anfängliche Euphorie
war dem Einerlei des Jobs, der Langeweile, der menschlichen Enge
in der unendlichen Weite des Tafellands gewichen. Paul, mit dem
mich eine echte Freundschaft verband, empfand ähnlich. Auch er
hatte die Nase „gestrichen voll".

Er wollte zunächst nach Warrnambool zu seiner Schwester und
für eine Weile das angenehme Leben eines Nichtstuers führen,
und ich mußte dringend nach Rockhampton, um meine Kameras
beim Pfandleiher auszulösen. Bis zum 28. Februar hatte ich nur
noch Zeit. Mitte März wollte ich Paul in Warrnambool treffen.
Wir hatten verabredet, zusammen kreuz und quer durch Australien zu reisen – mit dem eigenen Wagen.

Nachdem ich in Sydney mit AMOCO abgerechnet hatte,
erledigte ich im „Taxation Office" – im Finanzamt – die Anträge
auf Steuerrückzahlung und buchte für den nächsten Tag einen
Flug nach Rockhampton. Ob der Flug stattfinden würde, stand
allerdings noch in den Sternen. Hochsommer heißt in Australien
gewöhnlich Streik-Zeit. Momentan befanden sich die Fluglotsen
und das Bodenpersonal im Ausstand. Nur ein Bruchteil der Flüge
wurde abgefertigt. Zwar erwischte ich eine Maschine nach Rockhampton, doch mußte ich bei der Landung feststellen, daß meine
Reisetasche nicht mit mir in der gleichen Maschine geflogen war.
Da stand ich nun ohne jegliches Gepäck.

Ein gestreßter Airline-Angestellter im „Lost & Found"-Büro
füllte die Suchformulare nach meinen Angaben aus. „Fragen Sie
bitte morgen wieder nach. Bestimmt ist bis dahin Ihr Gepäck
aufgetaucht." – Der Optimist!

Geld hatte ich ja immerhin. In meiner Brieftasche steckten rund
sechshundert Dollar. Dummerweise befand sich mein Sparbuch in
der Reisetasche, gut versteckt zwischen Socken und Tennisschu-
hen. Ein Scheiß-Spiel! Beim Pfandleiher mußte ich 560 Dollar
berappen, um die Fotoausrüstung zurückzuerhalten. Zwar konnte
ich jetzt wieder Fotos schießen, hatte aber nicht einmal eine
Unterhose zum Wechseln. Ich bezahlte das Hotel im voraus. Von
den vierzig Dollar, die ich dem Hotelangestellten hinschob, bekam

ich vierzehn wieder zurück. Die Situation kam mir bekannt vor. Als ich im November hier war, war es ähnlich prekär gewesen. Rockhampton schien für mich kein gutes Pflaster zu sein. Trotz des geringen Budgets leistete ich mir ein Abendessen und eine Zahnbürste. Morgen würde das Gepäck schon wieder auftauchen, munterte ich mich auf, bevor ich ins Bett stieg.

Dem war leider nicht so. Im Ansett-Stadtbüro zuckten sie bedauernd mit den Schultern.

„Sydney Airport ist total zu", säuselte die blonde Hostess. „Vor übermorgen wird da kaum etwas laufen. Es tut mir wirklich leid, daß Sie Ihr Gepäck nicht haben. Aber im Moment können wir gar nichts für Sie tun."

Wenigstens sah die Kleine gut aus. Ich ballte die Faust in der Tasche und überlegte, was ich machen sollte. Ich hatte keine Lust, tagelang auf die Tasche zu warten. Zurück nach Sydney konnte ich mangels Bargeld auch nicht. Und die Bank würde ohne Vorlage meines Sparbuchs keinen Cent lockermachen. Vielleicht sollte ich einfach weiterreisen. Oder die Kameras wieder versetzen? Nein, nicht noch mal! Ich faßte einen Entschluß.

„Hören Sie, Miss. Ich habe keine Lust, hier in Rockhampton zu versauern, bis Ihre dämliche Gesellschaft in der Lage ist, mein Gepäck ausfindig zu machen. Ich reise ab. Schicken Sie mir die Tasche nach. Unverzüglich. Welches ist der nächste größere Airport, den Ansett anfliegt?"

„Mackay", strahlte die Miss dienstbeflissen, „der nächste größere Airport ist in Mackay, gut zweihundertfünfzig Meilen nördlich von hier. Wenn Sie es wünschen, schicken wir Ihr Gepäck dorthin."

Dann also auf nach Mackay! Ich schnappte mir den Kamerakoffer. Bloß schnell weg hier und sich abreagieren. Möglichkeiten dazu gab es reichlich. Ich verfluchte die hohe Luftfeuchtigkeit, die schwüle, drückende Hitze und die Vorstadtstraßen, die ich entlangtrabte und die kein Ende nehmen wollten.

Fast eine Stunde brauchte ich, um den Stadtrand zu erreichen. Erschöpft und naßgeschwitzt hockte ich mich auf den Alukoffer und hielt meinen Daumen in den Wind. Autos kamen genug, denn der gesamte Verkehr entlang der Küste führt über den Pacific oder No. 1 Highway. Eine Ewigkeit saß ich dort, ohne daß auch nur irgendein Autofahrer Anstalten machte zu halten. Ich war drauf und dran, mitten auf die Fahrbahn zu springen, um mich vor den erstbesten Wagen zu werfen. Endlich hielt einer.

Der Fahrer, ein beinahe kahlköpfiger, geschniegelter Vertreter für landwirtschaftliche Maschinen, war unterwegs nach Mackay. Ich legte den Koffer nach hinten und ließ mich neben ihm in die Polster des komfortablen Holden Commodore SL sinken.

„Ein Firmenwagen", erklärte der Fahrer. Er war ein komischer Typ, der fast ohne Unterbrechung auf mich einredete. Bis Marlborough erfuhr ich alles über den Wagen, dessen Sechszylindermotor flotte 90 PS auf die Hinterräder übertrug, von seinem Job und wie gut er seine Arbeit machen würde. Ich warf ab und zu ein „Ah" oder „Oh" ein, manchmal ein „Hmm", was ihn offensichtlich dazu ermutigte, immer mehr über sich zu erzählen. Natürlich

Bananenplantage in Queensland

kam auch seine Frau an die Reihe. Seiner überschwenglichen Beschreibung nach mußte sie die Traumfrau schlechthin sein: groß, schlank, dunkelhaarig, sexy, intelligent, lieb, zärtlich, dazu häuslich und eine blendende Köchin. Allmählich ging mir der Kahlkopf auf die Nerven.

Ich schaute aus dem Fenster. Ringsherum fruchtbares Land. Mais und Zuckerrohr sprossen mannshoch. Ananasplantagen wechselten mit tropischen Regenwäldern ab. Die Vegetation war ungemein üppig.

Als wir gegen Abend in Mackay ankamen, hatte ich taube Ohren vom Zuhören.

„Grüßen Sie mir Ihre Frau von mir", rief ich dem „Dauer-Quassler" hinterher. „Und fahren Sie zum Teufel." Letzteres sollte und konnte er nicht mehr hören.

Mackay gefiel mir. Die Hitze wurde hier durch eine laue Seebrise gemildert. Ein süßlicher Geruch lag in der Luft. Der stammte von den zahlreichen Zucker-Raffinerien in der Umgebung. Fast die gesamte Zuckerrohr-Produktion Queenslands wird hier verarbeitet. Mich interessierte das im Moment allerdings herzlich wenig. Ich hatte Hunger wie ein ausgezehrter Präriewolf. Mit meiner Handvoll Dollar ließ sich natürlich kein Gala-Dinner bestellen. Deshalb begnügte ich mich mit einem ketchuptriefenden Hot dog und einer Dose Cola.

Problem Nr. eins war – vorläufig – gelöst. Jetzt kam Problem Nr. zwei: Wo sollte ich schlafen? Im Stadtpark? Am Ufer des Pioneer River? Dort würde ich vermutlich Ruhe haben. Der Sand war zwar warm und weich, doch voller Tücken. Kaum daß ich mich hingelegt hatte, machte ich erstmalig Bekanntschaft mit den Sandfliegen: klitzekleinen schwarzen Biestern, die stets zu Hunderten auftauchen und ihre unschuldigen Opfer brutal stechen. Wild um mich schlagend, suchte ich das Weite. Arme und Beine waren total zerstochen und juckten fürchterlich.

Eine alte Dame, die gerade ihren Hund ausführte, machte mich auf die Jugendherberge aufmerksam. Für 3,50 Dollar fand ich dort, an der Scott Street/Ecke McKenny Street, ein bescheidenes und sandfliegenfreies Nachtquartier.

Am nächsten Morgen marschierte ich schnurstracks ins Ansett-Büro. Vergebens – mein Gepäck war noch nicht angekommen. Was nun? Zwar war der nächste Flughafen in Townsend, doch bat ich, mein Gepäck, falls es doch noch auftauchen sollte, nach Cairns zu schicken. Cairns erschien für mich wie eine Endstation. Was dann geschehen sollte, lag außerhalb meiner Vorstellung.

Ich kaufte mir einen Laib geschnittenes Weißbrot, hockte mich mißmutig auf eine Parkbank und würgte vier Scheiben hinunter. Statt Tee trank ich Wasser aus einem Springbrunnen. Wenig später schluckte ich dann wieder den Staub, der an meinem ausgestreckten Daumen vorbeirasenden Autos.

Und wieder stand ich ziemlich lange in Hitze und aufgeweichtem Asphalt. Ich bekam schließlich meinen *lift*. Ein zerbeulter graugrüner Wagen stoppte. Drinnen saß ein junges Paar. Sie wollten nach Cairns. Welch glücklicher Zufall! Ich machte es mir auf dem Rücksitz bequem.

„Ich bin Margret", stellte sich die Frau vor. „Mein Mann heißt Ralph. Er ist Schriftsteller, weißt du."

„Oh", sagte ich, „das ist aber interessant! Was schreibt er denn?"

Ralph drehte sich um. „Na ja, bislang schreibe ich Gedichte, Kurzgeschichten, Essays und so Zeug."

„Kann man denn davon leben?"

„Nein", warf Margret ein, „eben nicht. Deswegen fahren wir auch nach Cairns. Zu meiner Tante. Bei der können wir umsonst wohnen, und Ralph hat Zeit genug, um an seinem Roman zu schreiben."

Margret war mir unsympathisch. Sie hatte fettige, ungekämmte braune Haare, ein aufgedunsenes rundes Gesicht. An ihrem linken Ohr baumelte ein giftgrünes Dreieck. Unter einem zerknautschten, verschwitzten Herrenhemd wabbelte ein beachtlicher Busen. Ihre Beine waren weiß wie Kalk und steckten in grellroten Boxer-Shorts. An den Füßen, die sie lässig gegen die Frontscheibe preßte, trug sie blaue Plastiksandalen. Ralph machte einen besseren Eindruck: sonnengebräunt, sehnig, kurze, schwarze Haare. Er trug ein Sweatshirt mit dem Aufdruck „Armidale College of Fine Arts", ausgebollerte Khakishorts und zerschlissene Tennisschuhe.

„Schnell fahren können wir nicht", erklärte er mir, „der Kühler ist defekt."

Wir fuhren vielleicht 50 oder 60 km in der Stunde. Der Highway war nichts anderes als eine ordinäre Landstraße. An vielen Stellen war die dünne Asphaltdecke aufgebrochen. Die Schlaglöcher waren beinahe schon gemeingefährlich. Da die Stoßdämpfer am Wagen, einem '63er Valiant, dermaßen ausgeleiert waren, überschlug sich die Karre fast jedesmal, wenn wir in eines der Löcher krachten. Ralph fluchte jedesmal fürchterlich.

Kurz hinter Proserpine hielt er vor einem „Liquor Store", einem Getränkeladen, und kaufte drei Sechserpackungen Dosenbier.

„So, jetzt kannst du fahren. Ich hab' keine Lust mehr."

„Einverstanden." Ich klemmte mich hinters Steuer und startete.

„Du mußt aufpassen, der dritte Gang springt immer raus."

„Und der vierte?" fragte ich.

„Den kannst du sowieso vergessen – der geht nicht mehr rein."

„Muß ich sonst noch was beachten?"

„Ja, halt den Tacho im Auge. Mehr als fünfunddreißig Meilen sind bei dem defekten Kühler nicht drin. Und achte auf die Motorhaube. Sobald Qualm aufsteigt, halte an."

„Mach ich."

Nach knapp zwanzig Meilen kochte der Kühler. Zwangspause. Zufällig war ein Fluß in der Nähe. Ich badete – in meiner Unterhose. Ralph und Margret legten sich in den Schatten und machten sich über die erste Sechserpackung her.

„Rauchst du eine mit?" rief mir Ralph zu.

„Nein, danke, ich rauche nicht."

„Auch kein *pot*", kicherte Margret. „Wir haben den besten Stoff, den du dir denken kannst."

„Danke, kein Bedarf. Wenn ihr nichts dagegen habt, trinke ich lieber ein Bier."

„Bedien dich!"

Als der Anzeiger der Kühlwassertemperatur wieder im grünen Bereich war, fuhren wir weiter. Margret kroch während der Fahrt nach hinten. Im nächsten Ort mußte ich halten. Die beiden kauften eine Flasche Gin, einige Pakete Erdnüsse und eine weitere Sechserpackung Bier. Auf der Weiterfahrt schwelgten sie hinten in den Polstern, rauchten, tranken und überließen mir das Chauffieren. So etwas war mir auch noch nicht passiert.

Bis zum Abend mußten wir viermal eine Zwangspause einlegen und Kühlwasser nachgießen.

„Wie geht denn das Licht an?" fragte ich Ralph.

„Siehst du die beiden Drähte links unter dem Lenkrad? Versuch die mal aneinanderzuhalten. Irgendeiner ist der richtige." Ich fummelte im Halbdunkel so lange herum, bis ich die passenden Drähte miteinander verbunden hatte.

„Sag mal, wie gut sind eigentlich die Bremsen?"

„Ein bißchen lasch", lachte Ralph, „aber du hast ja noch die Handbremse."

Rosige Aussichten. Die Karre war reif für die Autopresse. Weil der dritte Gang immer rausprang, legte ich mein Bein kurzerhand über den Schalthebel und drückte ihn so nach unten. Es funktionierte. Mit der Lenkung stimmte auch einiges nicht. Der Wagen hatte einen unwahrscheinlichen Drang, nach rechts auszubrechen. Zu allem Übel fing Margret auch noch an zu singen. Offenbar war sie schon ziemlich alkoholisiert. Sie sang wie ein kastrierter Kakadu: nicht schön, aber laut.

Die beiden rauchten einen Joint nach dem anderen, und als die süßlichen Marihuana-Wolken mich fast einzulullen begannen, kurbelte ich beide Fenster runter.

„Meine Stimme", kreischte Margret, „das ist schlecht für meine Stimme. Ich kann alles, nur keinen Zug vertragen. Mach bitte das Fenster zu. Denk doch nur an die vielen Moskitos, die darauf warten, mich auszusaugen und meine zarte Haut zu ruinieren."

Jetzt fing sie an zu spinnen. Mir blieb aber wirklich nichts erspart. Ralph rezitierte Gedichtverse, das heißt, er lallte irgendwas vor sich hin, vom anfeuernden Applaus seiner betrunkenen Frau begleitet. Die zwei waren *high* und total berauscht. Margret fiel gegen Mitternacht grunzend in einen tiefen Schlaf. Sie schnarchte dabei schlimmer als ein Schwein. Ralph hingegen wurde immer munterer. Er nannte mich „Herbie" – weil ihm angeblich der Name besonders gefiel – und klopfte mir alle paar Minuten auf die Schulter.

„Herbie . . ., Herbie . . ., du, du, bist ein dufter Kumpel", quakte er mit schleppender Stimme.

„Freut mich, Ralph, ich finde dich auch ganz nett", brummte ich gereizt zurück.

„Herbie!" schrie er plötzlich. „Was sind das für dunkle Schatten da draußen?"

„Beruhige dich, Ralph, da ist nichts. Rechts und links der Straße sind nur Zuckerrohrfelder."

„Oh, Zuckerrohr! Ich liebe Zuckerrohr. Herbie, hörst du, ich l-i-e-b-e Zuckerrohr. Verrückt, nicht?"

Wie recht er hatte! Allmählich ging er mir auf den Geist.

„Herbie!" brüllte er mir ein paar Minuten später ins Ohr. „Ich will Zuckerrohr pflücken. Das ganze Auto voll! Ich brauche ein Geschenk für Maggys Tante!"

Mir war alles egal. Ich riß das Steuer nach links und rauschte mitten hinein in die dunkle Masse der meterhohen Zuckerrohrstengel. Es rauschte, rumpelte und krachte. Daumendicke Stengel knallten gegen Blech und Frontscheibe. Wütend trat ich auf das Gaspedal, daß der marode Motor laut aufjaulte. Die Zuckerrohrstengel krachten wie Maschinengewehrfeuer und warfen den Wagen hin und her. Wie eine überschnelle Planierraupe pflügte der Wagen vorwärts. Dieser Anstrengung war der Kühlwasserschlauch nicht gewachsen. Er platzte mit unüberhörbarem, pfeifendem Knall.

Ich stemmte mich gegen das Lenkrad, trat aufs Bremspedal und riß mit hartem Ruck an der Handbremse. Das Heck brach aus, der Wagen schlingerte und kam nach ein paar Metern zum Stillstand.

Aus den Ritzen der Motorhaube spritzte kochendheißes Wasser. Ich knipste die Scheinwerfer aus.

„Yippie!" Ralph sprang aus dem Auto und wurde von der schwarzen Wand des Zuckerrohrs verschluckt.

Mir erschien das Ganze wie ein Alptraum. Margret lag auf dem Hintersitz und schnarchte. Ich tastete herum und fand eine volle Dose Bier. In gierigen Zügen trank ich sie leer. Danach war mir wesentlich wohler. Die Spannung wich allmählich. Sollte Ralph nur draußen durch den Zuckerrohrwald strolchen. Mich interessierte das ebenso intensiv, wie wenn irgendwo in São Paulo eine Tür zuklappte. Ich war einfach müde, kaputt und wollte nur schlafen. Schlafen – und die zwei vergessen.

Wie lange ich gelegen hatte, wußte ich nicht, auch nicht, wie spät es war. Draußen wurde es hell. Was war das nur für ein süßlicher Brandgeruch? Ich schaute mich um. Wo waren die anderen? Margret lag hinten im Auto und schlief wie eine Tote. Ralph lehnte zusammengesackt am Heck des Valiant, die leere Ginflasche in der Hand.

Ich kletterte auf das Wagendach, um zu sehen, wo wir waren. Wir steckten mitten in einem riesigen Zuckerrohrfeld. Die Straße war fast einen Kilometer entfernt. Im Osten verdunkelte eine schwarze Rauchwolke die aufgegangene Sonne. Ein leichter Wind blies den Rauch in unsere Richtung, genau auf uns zu. Ab und zu schossen grell lodernde haushohe Flammen empor, die nach kurzer Zeit wieder zusammensackten.

Mein Gott! Das Feuer kam näher. Ich sprang vom Dach.

„Ralph, verdammt noch mal!" Ich schüttelte ihn bei den Schultern. „He, Ralph! Wach endlich auf! Wir müssen weg. Schnell weg. Die fackeln das Zuckerrohr ab!"

Ich knallte ihm eine ins Gesicht. Das half. Im Zeitraffertempo öffnete er die Augen.

„Wa . . . wa . . . was ist denn los? Wo . . . wo . . . bin ich?"

„Mitten in einem Zuckerrohrfeld. Und wenn du nicht augenblicklich auf deine Beine kommst, werden dich die Jungs von der Plantage geradewegs ins Fegefeuer schicken."

Mühselig rappelte er sich auf. Der Rauch war jetzt überall. Wir mußten so schnell wie irgend möglich verschwinden. Ich warf mich in den Wagen und drehte am Zündschlüssel. Ein schwaches Röcheln – sonst kein Ton. Die Karre wollte nicht anspringen. Ralph schien inzwischen die Situation erkannt zu haben.

Blitzschnell tauchte er unter das Lenkrad und fummelte an den losen Drähten und Kabeln.

„Versuch's noch mal", stieß er hervor.

Der Motor begann zu stottern. Ich trat die Kupplung voll durch und gab leicht Gas. Der Sechszylinder rührte sich. Ich haute den Rückwärtsgang rein. Ralph schwang sich neben mich.

Der schwere Wagen setzte sich langsam in Bewegung und ruckte los. Ich schaltete in den zweiten Gang und gab Vollgas. Irgendwie schafften wir es bis zur Straße, obwohl der Kühler kochte und wie ein Geysir zischte. Den drei Plantagenarbeitern, die von ihrem Wagen aus das Feuer beobachteten, fielen, als sie uns aus dem Zuckerrohrdickicht brechen sahen, fast die Augen aus

Das Abbrennen der Zuckerrohrfelder erleichtert die Ernte

dem Kopf. Kaum waren wir auf der Straße angelangt, gab der Motor mit schrillem Pfiff seinen Geist auf.

„Was macht ihr denn hier?" fragte der älteste von den dreien.

Bevor ich etwas sagen konnte, antwortete Ralph: „Mein deutscher Freund ist Zoologe. Sein Spezialgebiet sind australische Giftschlangen und Spinnen. Und die wollte ich ihm einmal aus der Nähe zeigen. Bislang kennt er die Biester nur aus Büchern und von Fotos."

„Ihr seid total verrückt", fauchte der Alte. „Wir sind mitten in der Ernte. Um ein Haar wäre euch eure bekloppte Idee aus dem Gehirn gebrannt worden."

Aus dem dicken Rauch tauchte ein zweiter Wagen auf und stellte sich neben uns.

„Alles klar, John?" rief der Fahrer.

„Ich glaube schon", antwortete der Angesprochene. „Der Wind steht jetzt günstig."

„Na, dann los!"

Die fünf Männer schwärmten aus. Jeder trug einen Kanister. Sie gossen Benzin in breiter Fläche über das Zuckerrohr und zündeten es auf Zuruf an. Von fünf Stellen schossen die Flammen laut knisternd in die Höhe. Der Feuerschein war so grell, daß wir geblendet die Augen schließen mußten. Die Flammen rasten aufeinander zu, bäumten sich kurz zu einem Inferno auf und fielen danach zusammen. Das heiße Schauspiel war vorüber, wiederholte sich jedoch wenig später ein paar hundert Meter weiter. Ein süßer Geruch, der an Karamel erinnerte, stieg in die Luft.

„Irre, was?" Ralph wischte sich mit einem Taschentuch den Schweiß aus dem Gesicht. „Die Burschen verstehen ihr Geschäft. Sind alles Spezialisten, weißt du. Ist nicht einfach, ein Feuer so zu legen, daß sich das entfachte Flammenmeer in der Mitte selbst auffrißt und nicht auf Felder überspringt, auf denen das Rohr noch nicht den richtigen Reifegrad erreicht hat."

„Du meinst", fragte ich, „daß das Zuckerrohr unterschiedlich reift?"

„Ja, ganz genau", fuhr Ralph fort. „Wenn das Rohr ‚bis zum Hals' Zucker gespeichert hat, gilt es als reif und wird abgebrannt. Das ist immer noch die allerbeste Methode, es von Unkraut und Rückständen zu reinigen. Du siehst es an den feinen weißgrauen Rußpartikeln auf den Stengeln. Außerdem vertreibt das Feuer Schlangen, Ratten und Giftspinnen, die sich hier gerne aufhalten. Früher, als das Rohr mit der Machete geschlagen wurde, war das natürlich wichtiger als heute. Welcher Plantagenarbeiter hatte schon Lust, sich von solchem Getier piesacken zu lassen?"

Eine Viertelstunde später brausten die Erntemaschinen heran. Sie sahen wie Mähdrescher aus. Ihnen folgten Traktoren, die Transportwagen hinter sich herzogen. Die Erntemaschinen schnitten das ausgebrannte Zuckerrohr dicht über dem Boden ab und häckselten es zu 20 cm langen Stücken, die über eine Art Rutsche gleich in die Transportwagen befördert wurden. Alles ging unheimlich schnell.

„In anderen Regionen, zum Beispiel oben in Gordonvale bei Cairns", klärte mich Ralph auf, der wieder völlig nüchtern zu sein schien, „transportieren sie das geschnittene Rohr mit Schmalspurbahnen direkt von der Plantage in die nahen Fabriken, meistens die einzigen größeren Gebäude in dieser Tropengegend. Das Rohr ist nach dem Schnitt nur wenige Stunden verwendbar, deshalb müssen die Arbeiter schnell, sehr schnell sein. Von Nord-Neusüdwales bis weit hinauf nach Queensland erstreckt sich der *sugar belt*, ein gut zweitausend Kilometer langer Küstenstreifen. Unser Roh- und Raffineriezucker ist ein echter Wertbegriff. Fast neuntausend Plantagen produzieren rund neunzehn Millionen Tonnen Zuckerrohr. Wir selbst verbrauchen vielleicht 'ne knappe Million Tonnen von dem Zeug. Der Rest, mehr als zwei Drittel der Ernte, gehen in den Export nach Übersee. In australischen Dollar ausgedrückt, sind das ganz locker hundertachtzig Millionen. Nicht schlecht, was?"

Ich war beeindruckt. „Sag mal, Ralph, woher weißt du das alles?"

„Du, bevor ich Margret kennenlernte, unten in Brisbane, wo sie

Abgebranntes Zuckerrohr

in einem Friseursalon arbeitete, war ich Lehrer am College und unterrichtete Wirtschaftskunde."

„Und jetzt bist du Schriftsteller?"

„Ach, vergiß es", grinste er.

Auf dem Hintersitz wurde es lebendig. Margret krabbelte hervor. Sie sah erbärmlich aus. Gut, sie war keine Schönheit, aber nach dieser durchzechten Nacht... Jedenfalls sah sie noch schlampiger aus als am Tag zuvor.

Margret kratzte sich an Kopf, Bauch und Hintern – kein allzu eleganter Anblick. Sie brabbelte etwas Unverständliches. Ralph hatte derweilen den Kopf unter die aufgeklappte Motorhaube gesteckt.

„Sieht übel aus."

„Hast du Werkzeug, Isolierband, Draht oder irgend etwas, womit wir den geplatzten Kühlwasserschlauch flicken können?"

Er verneinte.

„O. k., dann laß uns einen Wagen anhalten", sagte ich. „Wenn sich Margret ein bißchen frisch macht und 'ne flotte Bluse anzieht, könnte sie eigentlich diesen Job übernehmen."

Margret war einverstanden und stellte sich in Positur. Schon der erste Wagen, ein Kleinlaster einer Brotfabrik, hielt. Mit einem Schaumgummilappen, reichlich Isolierband, Paketschnur und einem alten Stoffetzen verstand es der Fahrer, den geplatzten Schlauch zu reparieren. Wir brauchten nur noch den Kühler mit Wasser aufzufüllen, dann konnten wir die Fahrt fortsetzen.

Margret fuhr. Schneller als 25 Meilen die Stunde war allerdings nicht möglich. Immer kürzer wurden die Abstände, bis der Kühler erneut überhitzt war. Anfangs hielten wir an, ließen ihn abkühlen, gossen Wasser nach und fuhren weiter. Später bedienten wir uns einer etwas ausgefallenen Taktik: Margret reduzierte die Geschwindigkeit auf 15–20 km/h. Ralph und ich krochen nach vorne und öffneten die Motorhaube. Während er sie hochhielt, goß ich Kühlwasser nach. Bei der langen Frontpartie und den wuchtigen Kotflügeln des Valiant war das im Grunde allerdings recht ungefährlich. Kurios sah es allemal aus, denn entgegenkom-

Pelikane sind die besten Fischer

mende Autofahrer hupten, blinkten und sahen uns ungläubig an. Solange es keine Polizeistreife war, störte uns das nicht im geringsten. Immerhin konnten wir mit dieser Methode einen Schnitt von 40–50 km/h machen.

Der Pacific Highway führte jetzt direkt am Meer entlang. Im türkisfarbenen Meer die Inseln und Korallenbänke des Great Barrier Riffs. An den weißen, palmenbestandenen Stränden brachen sich die Wellen. Es war sehr schwül. Ab und zu gingen kurze, heftige Regenschauer nieder, die den Asphalt dampfen ließen.

Wir stoppten an einer Plantage, um Melonen und Bananen zu kaufen. Ich war so hungrig, daß ich gleich sieben Bananen auf einmal aß.

Im Westen klammerten sich grauweiße Regenwolken an die immergrünen Berggipfel des Atherton Tableland. In den *floodways* wucherten meterhohe Farne, Bambus, moosüberzogene Bäume mit Brett- und Luftwurzeln. Alles glänzte feucht und frisch.

Gegen Mittag passierten wir Innisfail und erreichten endlich, vier Stunden später, Cairns, die Endstation. Ralph und Margret hatten Angst, in die Stadt hineinzufahren, da ihr Wagen nicht registriert, das heißt nicht angemeldet war. Sie ließen mich am Stadtrand aussteigen. Ich war froh, daß ich sie los war. Sollten sie der armen Tante auf die Nerven fallen und sich mit Alkohol und Rauschgift vollpumpen.

Ein Griff in meine Tasche erinnerte mich an mein großes Problem: Ich besaß nur noch 75 Cent.

Die Milgrave Road, die ich hinuntertippelte, führte direkt ins Zentrum. Auf halbem Weg überschüttete mich ein Platzregen und weichte mich vollends auf. Egal, er erfrischte wenigstens ein wenig. Ich fragte mich zum Ansett-Office durch. Ein kurzes Stoßgebet gen Himmel sendend, betrat ich es.

Drinnen Air-condition, freundliche Leute, bunte Plakate und Landkarten mit diversen Flugrouten. Ich klatschte mein durchgeweichtes Ticket auf den Schalter und fragte höflich nach meinem

Gepäck. Die beiden Mädels sahen sich ratlos an, fragten dann aber telefonisch beim Airport nach. Resultat: negativ. Hätte mich auch sehr gewundert, wenn die Reisetasche ausgerechnet hier auf mich gewartet hätte.

Wie sie mich benachrichtigen sollten und in welchem Hotel ich wohnen würde, wollte die mit den lustigen Sommersprossen auf der Nase wissen. Ich fragte, ob sie was Billiges zum Übernachten wüßte. Sie empfahl mir eins von den Homestead Motor Inns. „Ich glaube, ein Einzelzimmer kostet etwa fünfunddreißig Dollar", gab sie mir weiter Auskunft.

„Zu teuer", murmelte ich beschämt und beugte mich zu ihr vor, „ich bin nämlich fast pleite."

„Oh . . ." Sie lächelte verlegen. „Tja, dann bleiben nur noch die Jugendherberge oder People's Palace, eine Billig-Pension der Heilsarmee." Sie kringelte mir die beiden Adressen auf einem Stadtplan ein.

Die Jugendherberge in der Martyn Street war ein mieses Massenquartier: stickig, dreckig und von einigen übel aussehenden Freaks bevölkert. Das 16-Mann-Zimmer, in das mich der Verwalter führte, stank nach Urin, Schweiß und Erbrochenem. Angewidert verließ ich es.

People's Palace war alles andere als ein Palast, dafür war die Pension sauber und hatte Duschen. Geleitet wurde das Haus von einer reizenden älteren Dame, die Verständnis für meine Situation zeigte. Sie gab mir Zimmer 14. Bezahlen sollte ich, sobald mein Gepäck eingetroffen war. Ich duschte ausgiebig, wusch Socken, T-Shirt und Unterhose und schlüpfte frustriert unter das Moskitonetz, das über dem Bett hing.

Am nächsten Nachmittag traf schließlich tatsächlich meine Segeltasche ein. Es war wie Weihnachten. Mitten im Ansett-Büro hockte ich mich auf den Boden und durchsuchte mit zitternden Fingern den Inhalt. Meine Rasierwasserflasche war zerbrochen, die Flüssigkeit war in die Wäsche gesickert. Das war unwichtig. Hauptsache das Sparbuch fand sich. Glücklich zog ich es zwischen zwei Unterhosen hervor. Mein Geld! Ich war selig. Bevor ich

Hochseefischen macht Spaß und bringt reiche Beute

vollends durchdrehte, gab ich der überraschten Boden-Hostess einen Kuß auf die Nase und stürmte aus dem Büro.

Die Bank hatte noch auf. Ich hob gleich vierhundert Dollar ab, zahlte mein Zimmer in dem Heilsarmee-Quartier und übersiedelte in ein gemütliches Hotel an der Esplanade, mit direktem Blick auf Bucht mit Palmen. Jetzt konnte ich das Leben wieder genießen. Ich holte alles nach: aß und trank in den besten Restaurants und Bars, machte Ausflüge in das Atherton Tableland, nach Port Douglas und Green Island und lag stundenlang am Strand, wenn die Sonne schien. Der Monsun brachte zwar nicht mehr so viel Regen wie im Dezember und Januar, doch wenn es regnete, fielen in einer Stunde gleich 60–80 mm Niederschlag.

Auf die Dauer war mir das allerdings doch nicht die ideale Art von Erholung. Ich schickte Paul Wormald ein Telegramm und flog einen Tag später via Brisbane nach Melbourne. Daß ich nicht mit Ansett, sondern mit TAA flog, bedarf wohl keiner näheren Erklärung. Das Sparbuch steckte in einem Brustbeutel – trotz der Erfahrung in Darwin ein ungemein beruhigendes Gefühl.

Der Murray – oder Kinder des Großen Flusses

Melbourne ist mit über drei Millionen Einwohnern Australiens zweitgrößte Stadt. Hier lebt ein buntes Völkergemisch recht harmonisch miteinander. Melbourne hat fast so viele Griechen wie Athen und halb so viele Italiener wie Mailand. Durch die City rattern grüne alte Straßenbahnen. Am Ufer des Yarra River spiegeln sich die Hochhäuser der Banken und Versicherungen im Wasser. Attraktiv sind die zahlreichen Parks, der Botanische Garten, die Shopping Malls und China Town. Doch kein Vergleich mit dem quirligen, weltoffenen Sydney.

Nach einem halben Tag, an dem ich kreuz und quer die City durchstreifte, hatte ich genug von der Hauptstadt Victorias. Ich ließ mich von einem Taxi zur Spencer Street Railway Station kutschieren und nahm den nächsten Zug nach Warrnambool. Gerade als der Zug anruckte, stolperte ein angetrunkener Matrose in mein Abteil. Er sackte mir gegenüber auf die Bank, zerrte eine Dose Bier aus der Jackentasche und prostete mir zu.

„Kennscht du Dean Martin?" nuschelte er.

„Klar, kenn' ich", erwiderte ich desinteressiert.

„Is'n Freund von mir", brabbelte der Sailor. Und dann fing er an zu singen, einen Dean-Martin-Song nach dem anderen. Es war alles andere als schön.

„Weißt du, warum ich immer den Verschluß in meine Bierdose fallen lasse?" lallte der Seemann zwischen zwei Rülpsern.

„Keine Ahnung", sagte ich gereizt.

„Hihi, damit klappere ich, wenn die Dose leer ist. Meine Frau hört das und bringt mir sofort ein neues Bier, gut was?"

„Sehr gut", zischte ich ihm zu.

Gott sei Dank verließ der Typ in Camperdown den Zug. Eine Stunde später war ich in Warrnambool. Port Fairy, wo Paul bei seiner Schwester lebte, lag 23 Kilometer von hier. Als der Taxifahrer mich vor der genannten Adresse absetzte, verschwand die Sonne hinter grünbewaldeten Hügeln. Ich klingelte am Gartentor des weißgetünchten Holzhauses. Eine junge Frau öffnete.

„Ist Paul da?" rief ich ihr zu.

„Im selben Moment erschien er an der Tür. Er schob die Frau beiseite und stürzte auf mich zu.

„Hurra, der gute alte Bernie-Boy ist da!"

Wir lagen uns in den Armen und klopften uns auf die Schultern. War das eine Freude! Seine Schwester hieß Dorothy und war das genaue Gegenteil von Paul: klein, stämmig und pummelig. Bis in die Nacht hinein saßen wir in ihrem gemütlichen Wohnzimmer vor dem Kamin, erzählten, aßen, tranken und schmiedeten Pläne. Einen davon wollten wir so rasch wie möglich verwirklichen: Wir wollten auf einem Floß den Murray River hinunterschwimmen.

Anfang April – Spätsommer in Victoria – war es dann soweit. Die Tage waren nicht mehr ganz so heiß, nachts kühlte es angenehm ab, so daß man gut schlafen konnte. Träge floß der Murray westwärts. Im grünschimmernden Wasser trieben Blätter und Borkenstücke dahin. Zweihundert Meter flußaufwärts stand ein Campmobil. Einige Angler wateten vor einer Sandbank herum und warfen ihre Leinen aus.

„So wie die angeln, fangen die nie was." Paul schmunzelte. Er war gerade dabei, unser Gepäck festzulaschen. In Albury, einer Stadt am Oberlauf des Murray, hatten wir vor zwei Tagen in einer Garage zehn große, leere Blechfässer besorgt. Mit dem Bauholz, das uns eine Schreinerei direkt an den Fluß geliefert hatte, war es uns gelungen, ein beachtliches schwimmfähiges Floß zu zimmern, einen Ponton, der von den Fässern getragen wurde.

Wir hatten die Idee auf der Schaffarm von Pauls Vater kreiert, wo wir ein paar gemütliche Tage verbracht hatten.

Unser Floß maß ungefähr 3 × 4,5 Meter. In der Mitte waren unser Gepäck und die Ausrüstung festgezurrt. Am Heck befand sich das Ruder mit dem langen Schaft. Zwei Stakstangen lagen jederzeit griffbereit an der rechten Floßseite. Stilgemäß tauften wir unsere Gemeinschaftsproduktion auf den Namen „Medusa", natürlich mit Champagner.

Mit fröhlichem, lautem Gesang stießen wir am nächsten Morgen, einem Sonntag, das Floß in die Strömung und stakten los. Verschreckt brachten sich Reiher, Wasserhühner, Löffelschnäbel, diverse Kakadus und Loris in Sicherheit.

„Platz da, macht den Weg frei, die Murray-Gang naht!"

Der Murray ist mit 2500 km Australiens längster Flußlauf. Breit und wasserreich ist er allerdings nur nach der Schneeschmelze in den Snowy Mountains oder nach anhaltenden Wolkenbrüchen. Jetzt floß gerade noch genug Wasser dem Ozean entgegen, daß wir, ohne ständig auf Grund zu stoßen, angenehm nach Westen flößen konnten.

An den hohen Uferböschungen lagen – teilweise halb im Wasser – umgestürzte Bäume, auf denen sich Schildkröten und Vögel sonnten. Gemächlich glitten wir durch die breiten Flußbiegungen: Steilufer an der Außenkurve, Sand- und Kiesbänke an der

138

Auf dem Murray River

Innenkurve. Mächtige uralte Eukalyptuswälder spendeten Schatten. Gelegentlich beobachteten wir Känguruhs, die blätterkauend, hochaufgerichtet am Ufer saßen und in langen Sätzen verschwanden, sobald wir uns näherten. Manchmal sahen wir auch Füchse, auf der Suche nach Kaninchenspuren.

Unsere Angeln, die wir hinten am Floß befestigt hatten, zeigten bislang noch keinen einzigen Biß an. Für mich unverständlich, denn Fische gab es reichlich. Schließlich war der Murray für seine Forellen und die bis zu 300 kg schweren Murray-Cods – ein hechtähnlicher, schmackhafter Fisch – berühmt.

Als wir statt Würmern und Schnecken Garnelen – aus der Dose – und winzige Käsestücke als Köder verwendeten, stellten sich auch bald die ersten Fangerfolge ein: drei Barsche und eine Forelle, fast zwei Pfund schwer. Die Barsche und Karpfen, die es im Murray gibt, sind vor Jahrzehnten in das Flußsystem ausgesetzt worden. Sie vermehrten sich schnell und gut, zu gut. Denn nun

139

haben die Behörden ein neues Problem: Die Bestände der „einheimischen" Fischarten nehmen in gleichem Maße ab, wie die „Newcomer" sich ausbreiten.

Typisch „australisch" möchte man sagen. Jeder Eingriff des Menschen in die seit Jahrtausenden funktionierende Natur mit ihrem bestehenden ökologischen Gleichgewicht hatte bisher stets katastrophale Folgen – ob es Kaninchen, Kamele, Hunde oder, wie hier, Barsche und Karpfen waren.

Mit den gefangenen Fischen konnten wir einen Teil unserer täglichen Verpflegung ergänzen. Abends, wenn wir das Floß auf eine Kiesbank zogen oder am Ufer mit Leinen befestigten, brieten wir die Fische über dem Feuer, am Spieß oder in Alu-Folie gewickelt. Paul war mächtig stolz auf seine *tucker box*, seine Vorratskiste, die von der Mülltüte bis zum Salzstreuer alles enthielt, um es uns auf dem Fluß an nichts fehlen zu lassen. Damit das Bier kühl blieb, hatten wir die Dosen in einem Plastiknetz ins Wasser gehängt.

Gegen die Mücken – sie kamen regelmäßig nach Sonnenuntergang – schützte ein stark rauchendes Feuer und „Dextro", ein Desinfektionsmittel, mit dem wir uns Gesicht und Hände einrieben. Nachts zogen wir ein Moskitonetz über uns. Meist schliefen wir auf dem Floß, denn am Ufer trieb sich allerlei Getier herum: Schlangen, Spinnen, Beutelratten und Eidechsen. In Australien gibt es über 140 Schlangenarten, davon mehr giftige als ungiftige. Die Mehrzahl der Schlangen sind allerdings so klein, daß man sie kaum zu Gesicht bekommt, das aber macht sie besonders gefährlich.

„Was machst du, wenn dich ein giftiger Taipan in die Hand beißt?" fragte mich Paul, als wir wieder einmal abends beim Feuer saßen.

„Ich sauge sofort das Gift aus der Wunde, spucke es dem Biest um die Ohren und brenne augenblicklich die Bißstelle aus – bis zum Ellenbogen."

Er lachte. „Und was machst du, wenn dich der verfluchte Taipan in den Hintern beißt?"

Ich überlegte.

„Dann kommt es drauf an, ob du Freunde hast", grölte Paul und schüttelte sich vor Lachen.

Wir waren vielleicht 50 km hinter Tocumwal, einem bedeutungslosen Nest am Nordufer des Murray, wo eine Eisenbahnbrücke den Fluß überspannte, als ich die erste Schlange sah. Ein Mordsexemplar, pechschwarz. Den Kopf knapp über der Wasseroberfläche hin und her bewegend, schwamm das Biest quer durch den Fluß – direkt auf uns zu. Sie war fast zwei Meter lang. „Paul, Paul – ich glaube, die Kleine will dir ein Küßchen geben", brüllte ich.

„O nein, mein Freund, sie hat dich anvisiert! Du scheinst ihr besser zu gefallen. Aber Spaß beiseite – diese Schlangen sind unberechenbar. Sieh zu, daß wir sie uns vom Leibe halten."

Wir ließen das Floß treiben, jeder packte eine der Stakstangen und drosch wild ins Wasser. Paul erwischte die Schlange am Kopf, bevor sie uns erreichen und gefährlich werden konnte.

„Es war unbedingt notwendig, denn sie war hochgiftig. Schlangen können zu bestimmten Jahreszeiten am Murray ein echtes Problem werden. Und wenn man dann nicht weiß, wie man sich ihnen gegenüber richtig verhalten soll, können böse Unfälle – meistens sogar tödliche – geschehen. Zwar gibt es genügend Seren gegen Schlangenbisse, wird aber das falsche Serum gespritzt, ist das ebenso tödlich wie der Biß selbst. Deshalb ist es immer besser, einer direkten Konfrontation mit einer Giftschlange aus dem Weg zu gehen."

Das Bild des Flusses blieb ewig das gleiche, lediglich die Ufer wurden flacher und schlammiger. Sand- und Kiesbänke wurden seltener. An einigen Stellen lichtete sich der dichte Wald der *gum trees* und Akazien dort, wo seichte Seitenarme abzweigten oder kleinere Nebenflüsse in den Murray flossen. Wir stakten das Floß in eines der Altwässer, ausgedehnte, von Binsen und Schilf umsäumte Wasserflächen, stellenweise völlig zugewachsen.

Das Wasser war flach. Mehrere Male saßen wir fest und mußten das Floß schieben. Auf Schilfinseln tummelten sich etliche seltene Vogelarten, die es ausschließlich im Murray-Gebiet gibt: schwarze Schwäne, Spechte, Wasserhühner, Milane und braun-weiße Pelikane. Reiher und Ibisse stelzten herum und stießen ihre dünnen Schnäbel ins nährstoffreiche Wasser.

Wir übernachteten auf einer Landzunge. Ringsherum war alles sumpfig. Trockenes Holz gab es nicht. Somit gab es auch kein Feuer. Am Morgen war die Landschaft um uns herum in kaltem Nebel verschwunden. Unsere Schlafsäcke fühlten sich klamm und feucht an. Wir drückten das Floß durch die verfilzten Pflanzenmassen – barfuß, durch Morast und zähen Schlamm. Es dauerte eine Ewigkeit, bis wir wieder die trägen braunen Fluten des Murray erreichten.

Kurz vor der Einmündung des Goulburn wurden die Uferböschungen immer steiler und höher. Wir stakten, um schneller vorwärts zu kommen, durch eine seichte Rinne. Eine Strömung war kaum mehr wahrzunehmen. Nach zwei Tagen mühseliger

Die Strömung auf dem Murray ist manchmal kaum wahrnehmbar

Armarbeit erreichten wir Echuca.

Vor hundert Jahren war die Stadt einer der größten Binnenhäfen des aufwärtsstrebenden Landes gewesen, ein riesiger Umschlagplatz für Waren aller Art und mit einem Nachtleben, so berühmt und berüchtigt wie das von New Orleans. Schaufelraddampfer zogen plumpe Lastkähne und Barken, beladen mit Wolle und Holzstämmen, bis nach Adelaide. Flußaufwärts schleppten sie Geräte, Werkzeuge, Mehl, Zucker und Getreide und versorgten die Pioniere und Goldgräber entlang des wilden Flusses mit dem Nötigsten. Manch einer der *digger*, die von Bendigo heraufkamen, verloren in einer einzigen Nacht in einer der 93 Kneipen am Spieltisch Gold im Wert von 20 000 Dollar und mehr. Und wer allzusehr mit seinem gewonnenen Reichtum prahlte, konnte leicht am anderen Morgen mit durchschnittener Kehle flußabwärts treiben . . .

Die wilden Jahre von Echuca sind längst vorüber. Mit der Erschließung des Landes hat die Murray-Schiffahrt ihre einstige Bedeutung verloren. Heutzutage rollt fast der gesamte Güterverkehr auf den Highways an dieser verschlafenen Provinzstadt vorbei, die von der Regierung allmählich als Museum ausgebaut wird. Man renoviert die mehrstöckigen Hafen- und Verladeanlagen am Südufer des Flusses sowie die angrenzenden Häuserzeilen nach historischen Stichen und Fotos.

Einige der ausgemusterten Raddampfer tuckern jetzt, beladen mit Touristen, durch die nähere Umgebung Echucas. Nostalgie um jeden Preis, obwohl in den Kesseln kein Feuer mehr brennt und auch kein Dampf pfeifend aus den Schornsteinen steigt. Ein Dieselmotor sorgt für den Vorwärtsschub der Schaufelräder.

Paul und ich hauten im Stil der Buschranger vergangener Tage in Echuca ein kleines Vermögen auf den Kopf. Wir vergnügten uns in Restaurants und Bars. Dann wurden wir wieder Kinder des großen Flusses, der uns mit sanften Armen aufnahm und uns nach Nordwesten trug. Unser Leben wurde zeitlos, beeinflußt allein von der stillen Friedfertigkeit des Murray.

Wir lernten vom Fluß, daß es nur eine Zeitform gab – die

Stunden zwischen Sonnenauf- und Sonnenuntergang. Dazwischen aßen wir, wenn wir hungrig waren, und tranken, wenn wir Durst verspürten. Es waren heitere Tage, voller Lachen, Gespräche über alles, was einen bewegte, und Erlebnisse.

Auf der Suche nach trockenem Brennmaterial schälte Paul eines abends Borke von einem Papierrindenbaum und machte dabei die Bekanntschaft mit einer Schwarzen Witwe, einer äußerst angriffslustigen, pelzigen Giftspinne, deren Biß selbst einen ausgewachsenen Bullen umwerfen kann. Die Spinne krabbelte ihm über den rechten Arm hinauf zum Nacken, bevor er sie entschlossen abstreifen und auf den Boden schleudern konnte. Ein Spatenhieb sorgte dafür, daß die „Witwe" ihre Angriffslust auf ewig vergessen konnte.

Tiere sahen wir weitaus öfter als Menschen. Einmal riß uns mitten in der Nacht ein lautes, bedrohliches Fauchen aus dem Schlaf. Auf unserer Vorratskiste thronte ein Opossum und starrte uns mit großen aufgerissenen Augen an. Den wohl seltensten

Wildpferde in der Gegend von Swan Hill

Bewohner des Murray, den Platypus – ein Entenschnabeltier – bekamen wir leider nur ein einziges Mal zu sehen, als er zum Luftholen zufällig neben dem Floß auftauchte.

Der Platypus oder *ornithorhynchus anatimus* ist im Vergleich zu den Tieren Europas eine Art Chimäre, ein Fabelwesen. Er gehört zu den Säugetieren, da er ein dichtes Fell hat und die Jungen mit Milch säugt. Allerdings gebiert das Weibchen keine lebenden Jungen, sondern legt Eier wie ein Reptil oder ein Vogel. Die Tiere haben einen breiten Entenschnabel, Schwimmflossen mit scharfen Krallen und einen dicken Biberschwanz. Ernähren tun sich die Schnabeltiere von Krebsen, Fischen, Schnecken, Insekten, Würmern und Kaulquappen, je nachdem, was der Fluß bietet. In unterirdischen Bauten in schwer zugänglichen Uferböschungen haben Platypusse Nester aus Blättern wie ein Vogel.

In der Nähe von Swan Hill war es mit der Idylle zu Ende. Schwarze Wolken verfinsterten das Land. Den ersten heftigen Schauern schenkten wir wenig Bedeutung, doch so nach und nach regnete es sich ein. Jetzt traten die braunen Müllsäcke in Aktion. Wir rissen oben und an den Seiten drei Löcher hinein und stülpten sie uns über wie Regenpelerinen. Eine über das Floß gespannte Plastikplane bot uns nachts ausreichenden Schutz gegen den nicht aufhörenden Regen. Es goß wie aus Eimern. Blitze zuckten über den Wäldern, der Donner ließ uns fast die Trommelfelle platzen.

Vier Tage tobte das Unwetter. Am fünften Tag gerieten wir in den Sog der *Emynilou*, eines flußaufwärts dampfenden Raddampfers. Die Bugwellen warfen uns auf einen Felsen. Ein Teil der Fässer wurde weggerissen, einer der Trägerbalken brach wie ein Streichholz. Das reichte, um uns die Lust am Floßfahren zu nehmen. Wir gaben unseren schwimmenden Untersatz auf, schleppten die Ausrüstung die steile Uferböschung hoch und sortierten unsere Siebensachen.

Während Paul nach Swan Hill trampte, um mit seinem Vater zu telefonieren, blieb ich bei unserer Ausrüstung, bis er zurückkam. Pauls Vater traf ein paar Stunden danach ein, mit einem allradgetriebenen Station wagon, und sammelte uns ein.

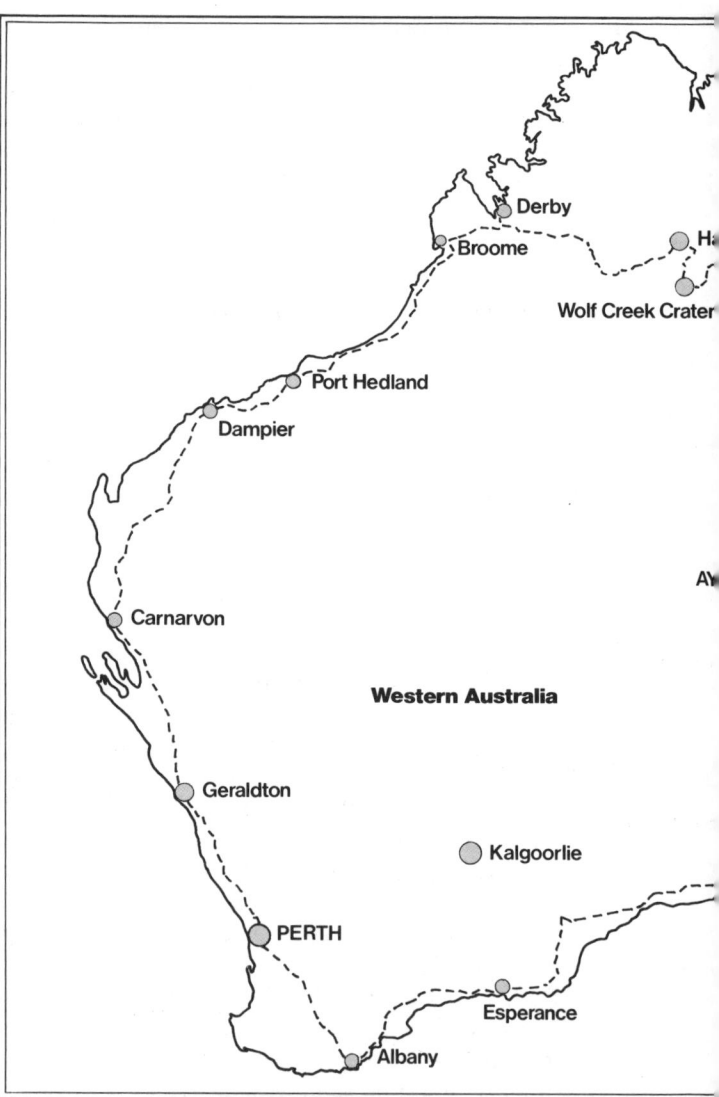

Derby

Ha

Broome

Wolf Creek Crater

Port Hedland

Dampier

Carnarvon

Western Australia

A\

Geraldton

Kalgoorlie

PERTH

Esperance

Albany

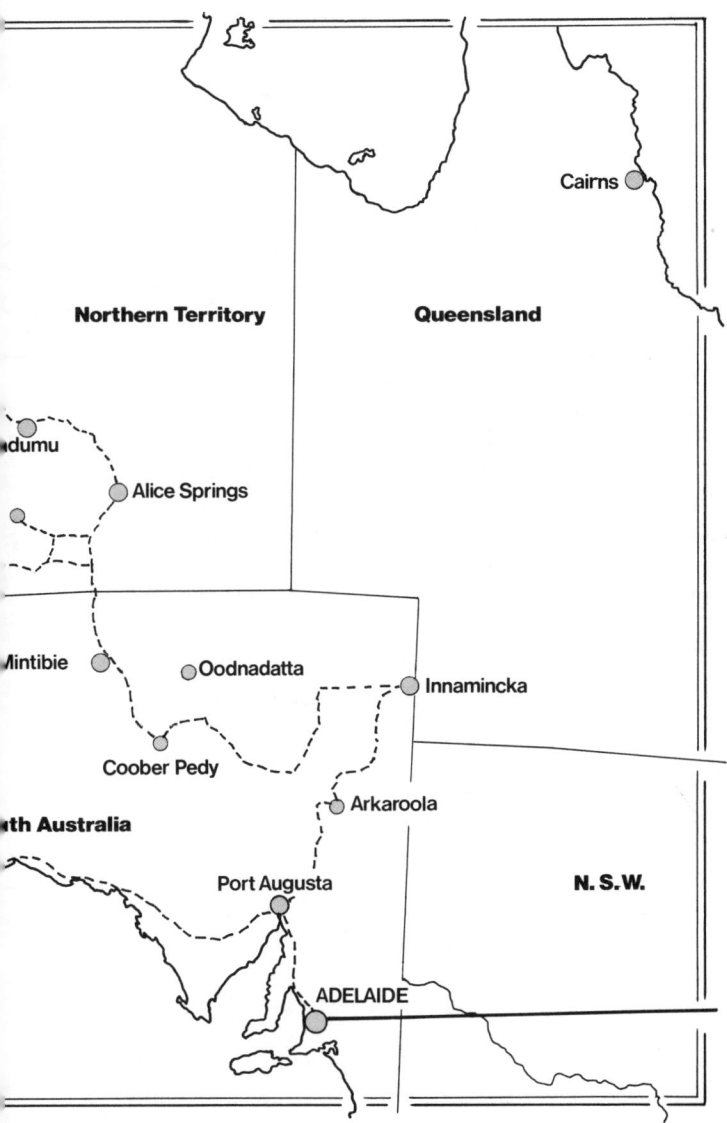

Cairns

Northern Territory   **Queensland**

dumu

Alice Springs

Mintibie   Oodnadatta   Innamincka

Coober Pedy

Arkaroola

th Australia

Port Augusta   **N. S. W.**

ADELAIDE

147

Ein Stück Heimat

Auf der Farm hielt es uns allerdings nicht lange. Jeden Tag das Geblöke der Schafe ertragen, dazu mußte man geboren sein. Für 4000 Dollar erstanden wir in Mildura einen gebrauchten Toyota Landcruiser, laut Pauls Aussage der beste Geländewagen der Welt. Ausgerüstet mit Wassertanks und genügend Reservekanistern, Spaten, Äxten und ausreichend Proviant, brachen wir auf. Es war inzwischen Mitte Mai geworden. Unser erstes Ziel: das Barossa Valley, nordöstlich von Adelaide gelegen, ein kleines Stück Deutschland am Rande der Flinders Ranges.

50 km hinter den letzten Suburbs von Adelaide beginnt dieses Musterland deutscher Prägung: gepflegte Weinberge, Olivenhaine und Obstgärten. Wie hineingestreut die properen Dörfer Tanunda, Angaston und Nuriootpa, alle erkennbar an den gut erhaltenen lutherischen Kirchen, deren Turmspitzen wie der allgegenwärtige Finger Gottes in den Himmel ragen.

Die Orte sahen weitgehend noch so aus, wie sie 1839 von den ersten deutschen Einwanderern gegründet wurden, ein bißchen modernisiert vielleicht, aber sie erinnerten stark an Rüdesheim, Bernkastel oder Oppenheim. Und die Leute, auf die wir stießen, ähnelten mehr Schwarzwaldbauern, Bayerwaldköhlern oder fränkischen Flößern: gesund, derb und bedächtig.

In Tanunda, mit 2600 Seelen der bedeutendste Ort im blitzsauberen Weintal, trug der Kellner eines Wirtshauses sogar Lederhosen, obwohl er außer „Prost" kein Wort Deutsch sprach. Der ausgeschenkte Wein schmeckte vorzüglich, selbst Paul, der auf Bier eingeschworen war, nickte anerkennend. Nach dem zweiten Glas hockte sich ein gutmütiger, alter Herr zu uns an den Tisch – Wolfgang Strasser, ein Weinbauer, dessen Vorfahren aus Schlesien eingewandert waren. Er war Mitglied der „Liedertafel", dem lokalen Gesangverein von Tanunda. Deutsch konnte er noch

Weinbauern im Barossa Valley

sprechen, wenn auch nur sehr schleppend und holprig.

„Wenn ihr wirklich guten Wein probieren wollt", sagte er, „dann lade ich euch in meine Laube ein."

Wir wollten! Der rührige Siebzigjährige kredenzte *Rhine Riesling* und Burgunder, einer besser als der andere. Ein 74er Jimmy Watson war der Höhepunkt unser lauschigen Weinprobe. Danach konnten wir nur noch bedauernd abwehren, als seine Tochter süffige Produkte wie Palomino, Mataro oder Shiraz anschleppte. Opa Strasser winkte uns nach, als wir mit leicht onduliertem Gang zu unserem Wagen marschierten. Zurückzuwinken war unmöglich, denn sonst wären uns die Weinflaschen auf den Boden der Auffahrt geknallt. Die Flaschen hatte uns der alte Herr unter die Arme geklemmt.

Wir leerten sie am Strand der Rapid Bay, als hinter der zerklüfteten Küste von Kangaroo Island die Sonne blutrot leuchtend verschwand. In unserer Wein- und Glückseligkeit glaubten wir sogar die Brunftschreie der Seelöwenmännchen zu hören, die es dort auf der Insel gibt.

Adelaide, die Metropole von South Australia, ist eine europäisch anmutende Stadt. Knapp eine Million Menschen leben in dieser symmetrisch angelegten Großstadt. Imposant das Festival Center, direkt am Torres River. Doch Pauls Verlangen nach Kunst und Kultur beschränkte sich auf einen Milch-Shake auf den Stufen des Emphoriums. Für ihn waren Städte nur Mittel zum Zweck, gut für Einkäufe, Vergnügen, Bars und – Mädchen. „Schau dir die Leute an", begann er zu philosophieren und schob sich die zweite Portion *yabbies* – kleine Süßwasserkrebse – in den Mund, „wie sie rennen, hetzen und sich bewegen. Sieh den da mal an!" Er deutete auf einen fettleibigen Geschäftsmann in schwarzen Lackschuhen, tristem grauen Anzug, weißem Hemd und gestreifter dunkelblauer Krawatte. In der Hand einen braunen Aktenkoffer.

„Der arme Kerl", höhnte Paul, „marschiert zackig wie ein Roboter. Heim zur Mami oder zum nächsten wichtigen Termin."

„Wo haben wir denn unseren nächsten Termin, Paul?"

„Egal, bloß nicht in irgend so einem Hotel in der Innenstadt. Laß uns lieber rausfahren in die Flinders Ranges oder noch lieber gleich in die Wüste."

Ich schleppte ihn rüber zur Rundle Mall, einem baumbestandenen Einkaufszentrum mit einer Vielzahl von Läden, Blumenständen, Straßencafés – und Mädchen. Als er die sah, brauchte ich keine überzeugenden Argumente mehr, um ihn zum Bleiben zu überreden. Wir stiegen im *Ambassadores,* einem Mittelklassehotel Ecke King William Rd./Waymouth St., ab. Im Umkreis von fünfhundert Metern gab es alles, was wir für die vorläufig letzte Nacht in der Zivilisation brauchten: Discos, Cafés und Kneipen . . .

Haustür in Adelaide, der Hauptstadt Südaustraliens

Auf den Spuren der Entdecker

„Arkaroo, die weise Riesenschlange, war durstig. Sie verließ ihr unterirdisches Reich hoch oben in den Grammon Ranges und glitt hinunter in die weiten Ebenen. Nach langem Suchen fand sie Lake Frome, und weil sie so schrecklich durstig war, trank sie den großen See bis auf den letzten Tropfen Wasser leer. Als sich die nun schwere Schlange mühsam nach Hause schleppte, grub der aufgequollene mächtige Leib eine tiefe, gewundene Schlucht in den Felsen – die Arkaroola Spalte.

Überall wo die göttliche Schlange eine Rast einlegte, entstand ein Wasserloch – sieben an der Zahl. Um das weitere Vordringen der Arkaroo zu stoppen, rollten die „Herrscher der Traumzeit" ihr gewaltige Steinbrocken in den Weg. Die Schlange fiel in einen tausendjährigen Schlaf und versank langsam in der Erde. Bald war ihr Körper von Staub und Sand bedeckt. Das Wasser aber trat aus ihrem Magen aus, stieg auf an die Oberfläche und bildete eines der schönsten und schattigsten Wasserlöcher, die es gibt – das Yacki Waterhole bei Nooldoonooldoona. Und manchmal, wenn die Menschen böse sind, erweckt der Große Geist die versteckte Schlange zu neuem Leben. Sie wackelt dann mit ihrem Schwanz, daß das ganze Land bebt und heiße, giftige Dämpfe aufsteigen, die das Böse ausrotten sollen . . . "

„Und wenn sie nicht gestorben ist . . . ", unterbrach Paul lachend die Geschichte des alten *stockman* Bruce, der hier auf der Arkaroola Homestead – 600 km nördlich von Adelaide – gelegentlich Besucher in die faszinierende Bergwelt der Flinders Ranges führte.

„Weißt du", fuhr er fort, „das Tolle an den ‚Abos' ist, daß sie für alles eine Erklärung haben."

„Zum Beispiel", fragte ich.

„Na, die Geschichte mit den giftigen Dämpfen. Schau, da drüben die Paralata Hot Springs. Diese heißen Quellen, aus denen Carbondioxid, Helium und Spurenelemente von Radon austreten, sind nichts anderes als die letzten Überbleibsel einstiger aktiver Vulkane."

Von dem Yudnamutana-Wasserloch waren wir über verwitterte, scharfkantige Felsgrate hinüber zu den heißen Quellen geklettert. Die Nachmittagssonne tauchte das karge Bergmassiv in warmes, gelbbraunes Licht. Außer Spinifex und ein paar verkrüppelten Akazien war von einer Vegetation nichts zu sehen.

„Da, seht, Känguruhspuren." Bruce, unser Führer, deutete auf den Boden.

„Ich sehe nichts, du?"

„Nichts!"

Bruce hatte sich hingekauert und zeigte uns einen kaum sichtbaren Kratzer auf dem glatten Fels.

„Hier ist ein gelbfüßiges Fels-Wallaby rumgehüpft. Vielleicht äst es bei den Quellen."

Wir schlichen uns vorsichtig weiter, und als wir einen Felsvorsprung umrundeten, entdeckten wir, kaum einen Steinwurf entfernt, zwei dieser schöngezeichneten Wallabys. Doch sobald die scheuen und seltenen Tiere unsere Witterung aufnahmen, sprangen sie in wilden Sätzen davon.

Bei den Quellen brodelte und zischte es. Dicke Gasblasen stiegen auf und zerplatzten an der Oberfläche.

„Wenn wir jetzt Eier dabei hätten, könnten wir sie uns kochen." Paul stocherte mit einem Stock im siedenden Wasser.

„He, ihr Alleswisser", fing Bruce an, „weiß eigentlich einer von euch, wie man einen dicken, fetten Papagei zubereitet?"

„Keine Ahnung, erzähl!"

„Also, du hängst den sorgfältig gerupften Papagei zusammen mit einer Axt hier in die heiße Quelle, hockst dich daneben und schnitzt einen Bumerang. Wenn du damit fertig bist, ziehst du die Axt heraus. Ist sie weich, kannst du gewöhnlich auch den Papagei servieren . . ."

„Und wenn nicht?"

„... dann wirf den Papagei den Dingos zum Fraß vor – die werden ihn zwar auch nicht anrühren –, und iß die Axt."

Bruce war ein lustiger Kerl. Wir lauschten noch einige Zeit seinen Geschichten, bevor wir uns zurück zum Wagen begaben. Eine Stunde später lagen wir am Swimming-pool der *Greenwood Lodge*. Wir waren zwar keine Gäste, taten aber so, als ob wir welche wären. Ein paar Outback-Touristen aus Port Augusta und Adelaide spielten Wasserball mit leeren Bierdosen – eine australische Variante. Die Nacht würden sie wahrscheinlich in den mit Klimaanlagen ausgestatteten Bungalows verbringen und gefil-

Wasserloch bei Arkaroola

terte, moskitofreie Luft inhalieren.

Unser Quartier war die Baracke der Schafscherer, stickig, voller Kakerlaken und Fledermäusen – dafür aber spottbillig. Und nur das zählte. Im gutbestückten Mini-Markt ergänzten wir am anderen Tag unsere Vorräte, füllten die Tanks und rumpelten den Arkaroola Creek entlang, um die Piste zu finden, die nach Norden, zum Parabana Hill, führte.

Im Osten ein flirrender weißer Spiegel: Lake Frome, ein dickverkrusteter Salzsee, der wie ein Parabolschirm die sengenden Sonnenstrahlen reflektierte.

Wir folgten einer verwehten Wagenspur, die parallel zu den wildzerklüfteten, braungrauen Felsformationen verlief. Die Hitze staute sich unter dem Blechdach unseres Fahrzeugs auf über 45 °C. Fliegen surrten uns um die Köpfe und balgten sich um die besten Sitzplätze auf unseren staub- und schweißverklebten Körpern. Eingelullt von dem unablässigen Geschaukel und der Hitze, waren wir wortkarg geworden.

Am Hamilton Creek zweigte ein *track* – ein Pfad – nach Westen ab.

„Der führt nach Lynhurst und Maree, den letzten Außenposten der Zivilisation. Willst du dahin?"

„Paul", antwortete ich, zu allem entschlossen, „gib endlich Gas – ich will Outback-Spaß!"

„In Ordnung!" erwiderte er voller Tatendrang, „also geradeaus."

Ein paar Meilen weiter stießen wir auf den *dog fence*, den längsten Zaun der Welt. Er verläuft von Nullarbor an der Great Australian Bight im Süden hinauf in die Stuart Ranges, knickt nach Osten ab und geht weit hinein nach Neusüdwales. Der Drahtzaun ist 1,80 m hoch, steckt 30 cm tief im Boden und erstreckt sich über eine Länge von 5531 km.

Auf die vollständige Einzäunung der Schafweiden hat die Regierung des australischen Bundesstaates Queensland erst 1982 verzichtet, da der Zaun seinen eigentlichen Zweck, die großen Herden vor den blutrünstigen Angriffen der Dingos zu schützen, nur „begrenzt" erfüllte. An manchen Stellen ist der „Hundezaun" inzwischen verwittert, unterspült oder eingebrochen. Die *boundary riders* – ein berittener Reparaturdienst – versuchen zwar die Schäden weitgehend zu beseitigen, doch das ist fast unmöglich.

Um der Dingo-Plage Herr zu werden, legen die Farmer mittlerweile vergiftete Köder aus.

„Mit den Dingos ist das so 'ne Sache. Wenn sie hungrig sind, fallen sie über Schafe und Rinder her, sie reißen alles, was sie erwischen. Meistens greifen sie in der Nacht an. Die Biester sind schlau wie Füchse. Und sie begreifen schnell. Sehen sie, wie ein Mitglied des Rudels einen mit Strychnin vergifteten Tierkadaver frißt und jämmerlich daran krepiert, rühren die anderen den Köder nicht mehr an. Manche Dingos überleben den Gift-Fraß, weil die Dosis zu schwach war. Inzwischen sind viele sogar gegen Strychnin und Zyankali resistent. Ich glaube, die Viecher würden sogar eine Atombombenexplosion überleben."

„Jetzt hör aber auf, Paul! Paß lieber auf, wohin du fährst!"

Die Piste war wie ein Waschbrett. *Wash-outs* wechselten mit Flugsand. Da gab es Strecken, die mit Schottersteinen von der Größe mittlerer Handbälle übersät waren und uns die Knochen im Leib locker rüttelten. Wir überquerten den ausgetrockneten Yerila Creek und stießen gut zehn Meilen weiter, in der Nähe des Mount Hopeless, auf den „Strzelecki-Track".

Der Name „Hopeless" – hoffnungslos – war wohl bezeichnend für die Trostlosigkeit, die der Forscher Edward Eyre 1840 empfunden haben muß, als er nach Norden blickend, nur Wüste und kochende Salzpfannen erblickte. Es gab nirgendwo Schatten.

„Im Vergleich zu Eyre oder Sturt sind wir doch fein dran", sagte ich. „Uns kocht zwar der Schweiß auf der Haut, aber wir haben lauwarmes Bier an Bord und brauchen nicht zu laufen."

Wir richteten uns in einer Senke der Cobber Sandhills „häuslich" ein, nachdem wir den Lagerplatz vorher nach Schlangen abgesucht hatten. Zu Gesicht bekamen wir keine, trotzdem muß ich gestehen, daß ich in dieser Nacht ein paarmal aus dem Schlaf aufschreckte.

Zerklüftete Felsen, einzige Abwechslung in der endlosen Wüste

Für die 150 Meilen bis Innamincka brauchten wir zwei Tage. Die Steinwüste, welche sich von hier nach Südosten ausbreitet, ist eine der unwirklichsten Regionen der Erde. Rot ist die dominierende Farbe. Rot ist hier alles: die Sonne, wenn sie am Abend endlich im Westen verschwindet, die eisenhaltigen Felsen und die massigen Wanderdünen, welche der Wind vor sich hertreibt. Wie gesagt: ein unwirklicher Ort. Trotzdem kamen Menschen hierher.

Rund 50 km östlich von Innamincka wurde 1861 ein schattenspendender Baum am Ufer des Cooper Creek Zeuge jenes tragischen Endes der Burke-und-Wills-Expedition.

Vier Monate wartete dort Wilhelm Brake mit einigen Männern auf die Rückkehr der Expeditionsführer Burke, Wills und King, die zum Gulf of Carpentaria aufgebrochen waren. Am 17. April 1861 vergruben die Leute ein paar Lebensmittel und markierten den Baum mit den Zeilen: „DIG – 3 FOOT – NW" – grabt 3 Fuß nach

Nordwesten. Ein letzter Blick nach Norden, dann zog die Gruppe ab, zurück nach Adelaide. Sechs Stunden zu früh, denn Burke, Wills und King waren nur noch fünfzehn Meilen entfernt. Doch das wußte natürlich keiner. Die schicksalhafte Entscheidung, das Camp aufzulösen, war knapp, aber definitiv und kostete Burke und Wills das Leben. Nur King überlebte, dank der Hilfe einiger Aboriginals. Er wurde am 15. September 1861 – völlig verwahrlost, krank und ausgemergelt – von einer Rettungs-Expedition gefunden.

Die nächsten, die das Schicksal in diese gnadenlose Einöde trieb, waren Goldsucher und Opalgräber. Davon zeugen heute nur noch einige Ruinen in der Nähe von Innamincka.

In dieser Geisterstadt schlugen wir unser nächstes Lager auf. Wir campten nahe der zerfallenen Kirche. Pechschwarz war die Nacht. Das prasselnde Lagerfeuer ließ die Umgebung nur erahnen. In der Glut garten in geöffneten Büchsen Bohnen und Fleisch. Mit uns am Feuer saß Terry, ein junger Mischling, den wir unterwegs aufgelesen hatten. Obwohl dunkelhäutig, hatte er fast flachsblonde Haare. Ihm fehlten vorne drei Schneidezähne, die hatte ihm ein Brama-Bulle beim Rodeo in Charleville ausgeschlagen.

Terry war berühmt, das heißt eigentlich nicht er, sondern sein Onkel „Pigs-nose", der angeblich wußte, wo die reichste Goldader Australiens verborgen lag. Paul wurde hellhörig.

„Die reichste Goldader? Du meinst doch wohl nicht etwa Lasseter's Reef?"

„Genau das meine ich."

„Wer oder was ist oder war Lasseter?" unterbrach ich die beiden, „und was bedeutet das ‚Reef'?"

„Das will ich dir erzählen", antwortete Terry. Er beugte sich vor, zog ein glühendes Holzscheit aus dem Feuer und zündete sich eine von Pauls selbstgedrehten Zigaretten an.

„Harold Bell Lasseter war als Prospektor stets auf der Suche nach Gold. Nur das interessierte ihn. Ständig war er im ganzen Land unterwegs. Neunzehnhundertdreißig führten seine Äußerungen und Detailschilderungen, irgendwo zwischen den Ehrenberg und Petermann Ranges – an der Grenze zwischen Western Australia und Northern Territory – ein sechzehn Kilometer langes Bachbett aus purem Goldstaub gefunden zu haben, zu einem neuen Ausbruch von Goldfieber.

Ein Syndikat, bestehend aus einigen Sydneyer Spekulanten, gründete daraufhin die Central Australian Gold Exploration Co. Ltd. Unter Lasseters Führung brach eine siebenköpfige Expedition auf, um das Reef zu suchen und zu kartographieren. Mit dabei mein Onkel ‚Pigs-nose‘.

Genervt vom monatelangen vergeblichen Suchen, wollte man schon die Zelte in den Cleland Hills abbrechen. Da verschwand eines Nachts Lasseter mit meinem Onkel. Nach vier Tagen kam mein Onkel alleine zurück. Auf die Fragen nach Lasseters Verbleib machte er nur vage Angaben. Als sie ihn zwingen wollten zu sprechen, floh er in die Wüste. Die Expedition überließ ihn seinem Schicksal und kehrte nach Sydney zurück.

Jahre später erschien Lasseters Sohn, der in den USA lebte. Er hatte sich in den Kopf gesetzt, das Grab seines Vaters, das er bei dem ‚Reef‘ vermutete, zu finden. Es gelang ihm, meinen Onkel in Daly Waters aufzuspüren, wo er als *stockman* arbeitete. ‚Pigs-nose‘ versprach ihm, aber nur ihm allein, das Grab zu zeigen. Mit der Sicherheit eines Schlafwandlers führte mein Onkel den Weißen hinein in die Wüste.

‚Siehst du dort den kahlen Baum?‘ sagte er eines Tages. ‚Zehn Meter davor findest du deinen Vater, zwei Fuß unter der Erde.‘ Man fand die Leiche exakt an der beschriebenen Stelle . . .“

„Was geschah mit dem Goldstaub im Bachbett?“ fragte ich neugierig. „Hat man es jemals gefunden?“

„Nie. Mein Onkel hat das Geheimnis mit in den Tod genommen.“

„Aber warum hat er das Gold nicht selbst geholt?“

„Für uns Aboriginals ist Gold wertlos. Es ist genauso wie wir lediglich ein Bestandteil der Erde. Man kann es nicht essen oder trinken, man kann sich nicht damit gegen den Großen Regen und auch nicht gegen die sengende Sonne schützen. Also was sollten wir mit dem Gold anfangen?"

„Terry hat recht, Berny. Die einzigen, die sich dafür sogar umbringen, sind wir. Hätte beispielsweise ‚Pigs-nose' den Sohn von Lasseter zum ‚Gold Reef' geführt, bin ich sicher, daß ihn dieser bei der erstbesten Gelegenheit umgelegt hätte, nur um das Gold für sich allein zu haben . . ."

Wir diskutierten noch eine Weile über Gold und Geld, bevor wir in die Schlafsäcke krochen. Mit den ersterbenden Flammen legte sich ein tiefes Schweigen über die Wüste.

Am nächsten Morgen hielten wir großen Kriegsrat ab. Wenn wir zurückfahren würden, ginge uns unweigerlich auf halbem Weg der Sprit aus. Den Track bis Birdsville zu nehmen, war ebenso vermessen. 500 km mit 70 Litern Benzin war unmöglich zu schaffen – nicht im Outback!

„Unsere einzige Chance", sagte Paul, „ist, quer durch die Stuart-Wüste zu fahren, nach Mungeramie. Dort gibt's Benzin."

„Und wenn wir uns verfahren?"

„Keine Bange, wir haben ja Terry. Der wird uns schon den rechten Weg weisen."

Terry nickte stumm.

„O. k. – dann packen wir's!"

Die Wüste war erbarmungslos. Rotbrauner Staub wehte durch jede Ritze des Toyotas hindurch. Wir banden uns Tücher vor Mund und Nase und mußten dennoch ständig husten. Eine Kraterlandschaft, unwirklich, brutal und heiß wie ein Backofen. Auf dem Mond konnte es nicht schlimmer sein. Über den Salzpfannen schien die Luft zu kochen. Verkrüppelte Büsche krallten sich an die zerfressenen Felsen. Der Wind trieb dürre Spinifex-Kugeln vor sich her. Seit Monaten hatte es nicht mehr geregnet. Das ausgedörrte Land „schrie" förmlich nach ein paar Tropfen Feuchtigkeit.

Dabei genügt bereits ein leichter Regenschauer, um die glühende Erde für Tage in einen zauberhaften blühenden Teppich zu verwandeln. Aber daran war im Moment nicht zu denken. „Daß

Roter Sand, so weit das Auge reicht

hier überhaupt Menschen leben können, unbegreiflich", schrie ich Paul ins Ohr.

„Die ‚Abos' können es", bellte er zurück.

„He, Terry, was macht ihr eigentlich, wenn euch das Wasser ausgeht?"

„Ganz einfach", erwiderte der Schwarze, „du kletterst auf einen Hügel und schaust in die Runde. Hast du Glück und siehst in der Ferne eine dünne schwarze Rauchsäule aufsteigen, geh darauf zu. Mit Sicherheit stößt du auf einige *black fellows*. Und die campieren immer in der Nähe von Wasser."

„Und wenn ich keine Rauchsäule sehe?"

„Dann achte auf kleine schwarze Vögel. Da, wo sie sind, ist auch Oberflächen-Feuchtigkeit. Oder beobachte die Krähen. Wo sie umherflattern, ist Wasser nicht weit. Die letzte Möglichkeit, bevor du verdurstest, ist der Parrakeelya-Strauch. Rupf die fleischigen Blätter ab, und kau sie ausgiebig. Sie schmecken bitter und hinterlassen einen schmierigen Belag auf Zähnen und Zunge. Aber wenn du am Verrecken bist, dürfte dir das egal sein."

Wir hatten eine Anhöhe erreicht und stoppten. Paul stöberte auf der Suche nach Brennholz einen Wüstenteufel auf. Es dürfte auf der Welt keine abscheulichere Echse geben als dieses Reptil. Der 30 cm lange Mini-Drachen hatte eine verblüffende Ähnlichkeit mit einem verschrumpelten Dornenzweig.

„Was frißt denn der Kleine?"

„Ameisen", gab Terry lakonisch Auskunft. „Bis zu zweitausend frißt der Wüstenteufel pro Tag. Zu trinken braucht er nichts. Er begnügt sich mit der Bodenfeuchtigkeit, die durch seine Haut in den Körper dringt."

„Haha, ich stelle mir gerade Paul vor, wie er auf einem Tresen liegt und das Bier mit seinem Bauch aufsaugt."

Wir tranken allerdings nur heißen Tee aus zerbeulten Blechnäpfen – das Bier war uns inzwischen ausgegangen.

„Überleben im Outback scheint für euch kein Problem zu sein, was, Terry?"

„Nee, mein Lieber. Wir wissen, wo die guten Sachen versteckt sind."

Eine Probe seiner Fähigkeiten gab er uns am Cooper Creek. Bis auf ein paar Schlammlöcher war das Flußbett total trocken. Mit dem Spaten buddelte Terry ein Loch, in das nach und nach schmutziges braunes Wasser sickerte.

„Du willst die braune Brühe doch wohl nicht trinken?" fragte Paul, der im Schatten des Toyota kauerte.

„Noch nicht. Ich gieße das Wasser erst durch ein Stück Stoff, durch Asche und Holzkohle, dann kannst du probieren."

„Nein, danke, da trinke ich lieber das lauwarme Wasser aus dem Plastiktank. Aber jetzt werde ich euch mal zeigen, wie der gute alte Paul Trinkwasser erzeugt. Ich baue – extra für euch – einen ‚Arizona-still'!"

Er ließ sich von Terry den Spaten geben und schaufelte im trockenen Sand ein Loch: etwa einen Meter breit und fast sechzig Zentimeter tief. Wir schauten interessiert zu.

„Es ist immer wieder ein Genuß, einen Weißen arbeiten zu sehen", kicherte Terry.

Paul knurrte nur und werkelte weiter an seinem „Wunderding". Er stellte unseren Teetopf mitten in das Loch und schleppte aus der näheren Umgebung Blätter, abgeschnittene Zweige und Pflanzenteile heran, die er sorgfältig um den Topf schichtete. Dann spannte er eine der Plastikmülltüten über das Loch und beschwerte sie am Rand mit Steinen und Sand. In die Mitte der Plane legte er einen größeren Stein, der die straffgespannte Tüte genau über dem Topf eindellte.

„Gentlemen", sagte er und klopfte sich den Dreck von den Händen, „wir sollten nun einen Spaziergang machen. Wenn wir zurück sind, lade ich euch auf 'nen Drink ein."

„Na, darauf sind wir aber mächtig gespannt."

Wir streiften durch eine Gegend, die wahrscheinlich noch nie einen Menschen gesehen hatte. Sand, Steine, ausgelaugter Boden, brüchige Büsche und messerscharfes Gras – Spinifex. Bohrt sich einer dieser stricknadellangen Halme durch die Hose ins Fleisch, gibt es eitrige Entzündungen, über die sich ausschließlich die Fliegenschwärme freuen.

Nach einer Stunde stießen wir auf den stinkenden Kadaver eines Känguruhs. Ein paar Geier stritten sich um das Gedärm. Terry entdeckte eine Fährte.

„Kamelmist", flüsterte er, „ist noch feucht! Das Tier kann nicht weit sein."

Wir folgten der Spur, ohne jedoch auf Kamele zu stoßen. Statt dessen führte uns Terry zu einem knorrigen Baum. Er bohrte in der weichen Rinde eines abgesplitterten Astes herum und zerrte plötzlich etwas Weißes, Breiiges hervor. Seine Augen leuchteten.

„Was hast du da?"

„Eine Delikatesse – Witchetty-Crabs."

Er lehnte den Kopf nach hinten und ließ die fette Raupe in den Mund gleiten. Ich schüttelte angewidert den Kopf.

„Willst du auch eine probieren? Es ist das Beste, was es gibt – voller Saft und Protein. Manche sagen, es wirke sogar potenzsteigernd."

Wieder einmal warfen wir eine Münze. Paul gewann – und ich mußte die Raupe essen.

„Denk an Marshmallows oder Zuckerwatte!"

Die Raupe lebte und bewegte sich zwischen meinen Fingern. Noch während ich sie mit geschlossenen Augen zitternd in den Mund steckte und zaghaft zubiß, drehte sich mein Magen um. Kaum daß ich das glitschige Wesen hinuntergewürgt hatte, war es auch schon wieder draußen, inklusive der Bohnen vom Mittag. Paul und Terry fanden das sehr komisch und hielten sich die Bäuche vor Lachen. Die beiden hatten eine merkwürdige Art von Humor!

Auf dem Rückweg zum Auto stießen wir auf zwei „Stumpytail-Lizards", gefährlich aussehende Krustenechsen, die sich ineinander verbissen hatten. Die Tiere waren allerdings eher harmlos und glichen mehr übergroßen lebenden Tannenzapfen.

„Sie sind in der Lage, dir glatt den Finger abzubeißen, so kräftig sind ihre Kiefer! Ärgere sie also nicht."

„Nein, danke." Ich winkte ab. Nach der magenunfreundlichen Raupe war mein Bedarf an Tierversuchen vorläufig gedeckt. Paul schleppte uns dann zu seinem Experimentierplatz. Er warf die Plane zurück, und siehe da – in dem Topf war Wasser. Sich stolz in die Brust werfend, schritt er mit dem Topf auf uns zu und ließ uns kosten.

„Astrein, was? Tja, ich hab' halt auch so meine Tricks."

Durch die übersteigerte Hitze in seinem künstlich geschaffenen Outback-Treibhaus hatten die Pflanzen Feuchtigkeit ausgedünstet. Die aufgestiegene Feuchtigkeit hatte sich an der etwas kälteren Plastikfolie gesammelt, war zur Mitte gelaufen und – nach drei bis vier Stunden – in den Topf getropft. „Wenn die Pflanzen frisch sind, kann ich mit meiner Methode ein bis anderthalb Liter Wasser gewinnen – pro Loch versteht sich. Mit drei, vier Plastikfolien könnte ich leicht unseren täglichen Trinkwasserverbrauch produzieren."

„Paul", ich klopfte ihm auf die Schulter, „bislang hielt ich dich für gut. Jetzt allerdings weiß ich es genau und muß mich verbessern – du bist einfach genial."

Am nächsten Morgen servierte uns Terry schon zum Frühstück Schlangenfilets. Eine „Braune Schlange" war ihm beim morgendlichen Toilettengang in die Quere geraten. Ihr Pech. Sein Buschmesser war schneller. Die Zweimeterschlange verlor Kopf und Haut. In der heißen Asche des Feuers geröstet, gewürzt mit Steinsalz, gelang ihm wirklich ein nicht alltägliches Gericht.

„Wenn du in Rom bist, mach's wie die Römer . . .", zitierte Paul.

„. . . und wenn du im Outback bist", ergänzte ich, „mach's wie die Schwarzen, und iß Schlangenfilet."

Jedenfalls schmeckte die Schlange wesentlich besser als gestern die Witchetty-Crab.

Terry hatte den Instinkt eines Wüstenfuchses. Wir verfehlten die Viehstation von Mungeramie nur um fünfhundert Meter, und das nach einer Fahrt von fast zweihundert Kilometern quer durch die Wüste – alles ohne Kompaß!

In der Station gab es frisches Wasser, Benzin und einen Billardtisch. Und Bier gab's einen ganzen Kühlschrank voll. Wir leisteten ganze Arbeit und hinterließen nicht eine volle Dose. Terry gefiel es auf der Station, zumal drei andere „Abos" dort als *stockmen* arbeiteten. So blieb er dort, während wir den Birdsville-Track hinunter bis Maree holperten.

Maree war einst ein ziemlich bedeutender Ort gewesen. Von hier trieben afghanische Händler schwerbepackte Kamelkarawanen nach Alice Springs. Auf der Rücktour schleppten die genügsamen Wüstentiere tonnenweise Schafwolle. Als 1929 der legendäre „Ghan", eine Zugverbindung von Adelaide nach Alice Springs, die

Kamele zu ersetzen begann, wurden sie buchstäblich in „die Wüste geschickt". Einige hundert müssen es damals gewesen sein. Inzwischen haben sich die Tiere auf 150 000 bis 160 000 Exemplare vermehrt.

Von Maree brechen gelegentlich eine Handvoll Männer auf, mit Geländewagen und Motorrädern, um für den „Camel-Cup" – jenes spektakuläre Kamelrennen in Alice Springs – ein paar besonders „wilde" Reittiere einzufangen.

„Wieviel Geld haben wir noch im Sparstrumpf?" witzelte Paul, als wir gemütlich im *Maree-Hotel* saßen und eiskaltes Bier aus der Dose tranken. Ich zählte nach.

„Vierhundertdreiundzwanzig Dollar und achtzig Cent! Nicht gerade berauschend viel. Was schlägst du vor, Paul?"

„Ich überlege noch. Vielleicht sollten wir uns um eine Schürf-Lizenz kümmern."

„Du meinst Gold?"

„Nein, Opale. Laß uns nach Coober Pedy gehen. Mit etwas Glück machen wir locker zwei- bis dreitausend Dollar – pro Woche!"

„Klingt nicht schlecht", pfiff ich durch die Zähne. „Dann laß uns mal gleich diese Lizenz besorgen."

Das örtliche Polizeirevier stellte uns für 3,75 Dollar einen Schrieb aus, der uns gestattete, in South Australia nach Opalen zu schürfen. Wir ergänzten unsere Ausrüstung durch zwei Spitzhacken und ein Sandsieb. Der Toyota wurde bis zum „Kragen" voll Benzin gepumpt, die Reservetanks natürlich ebenfalls. Unsere Reservekanister waren aus robustem Stahlblech, damit sie den hohen Temperaturen im Outback trotzen konnten.

Das Loch des weißen Mannes

Von Maree führt der „Oodnadatta-Track" parallel zu der alten Bahnlinie nach Nordwesten. Vor uns lagen 250 km Einöde, Hitze und Staub. Den hatte vor uns bereits der Pionier John McDouall Stuart kiloweise geschluckt. Ihm gelang die erste erfolgreiche Süd-Nord-Durchquerung des „Roten Kontinents" – am 24. Juli 1862 erreichte er die Küste in der Nähe von Darwin. Ihm folgten Jahre später die Arbeiter der Overland Telegraph Line, Goldgräber, Abenteurer, Verrückte und letztendlich wir.

Bei Curdimurca passierten wir Lake Eyre South, den größten Salzsee Australiens. Der See liegt sechzehn Meter unter Meeresniveau und ist von einer zwei Meter dicken Salzkruste überzogen. Seit der Lake Eyre entdeckt wurde, hat man ihn erst dreimal voll Wasser gesehen. Ansonsten ist er eine tödliche, abweisende Salzpfanne, wo Temperaturen über 50° C im Schatten keine Seltenheit sind. Donald Campbell stellte hier am 17. Juli 1964 mit seinem turbinengetriebenen „Bluebird Proteus" mit 690,9 km/h einen neuen Geschwindigkeitsrekord für Autos auf. Uns interessierte allerdings nur die nächste Siedlung.

Zwanzig Meilen hinter William Creek knickte ein Track nach Westen ab. Anfangs sahen wir noch Reifenspuren, die aber bald verschwanden. Wir fuhren nach dem Kompaß und erreichten nach zwei Tagen die Stuart Ranges. Ich machte Paul auf eine Staubwolke aufmerksam.

„Die kann nur von einem *road train* stammen", murmelte er.

Ich jubelte: „Dann haben wir es ja fast geschafft!"

Ein paar Meilen weiter stießen wir auf das „Rubbelbrett" des Stuart Highway, jener wichtigen Verbindung zwischen Darwin und den Städten an der Südküste. Bis Coober Pedy war es nun lediglich ein „Katzensprung".

Für die Schwarzen ist dieses trostlose Nest am Rande der

Großen Victoria-Wüste „das Loch des weißen Mannes". Zwischen Eight Mile Opal Field und Coober Pedy sahen wir eine Landschaft, die wie von riesigen Maulwürfen zerwühlt schien. Überall aufgeworfene blendendweiße Sandhaufen, mittendrin schwarze Löcher. Neben einigen standen Gerüste und Türme. Sengende Hitze, kein Schatten – weit und breit und nirgendwo eine Menschenseele.

„Wo sind denn die Menschen?" Ich schaute verwundert in die Runde. So etwas Verrücktes hatte ich noch nie gesehen. Paul zeigte mit dem Daumen nach unten.

„In der Erde. Sie buddeln nach Opalen. Erst am Spätnachmittag wird es hier lebendig. Dann krabbeln sie aus ihren Löchern hervor und stürmen das Pub."

„Ich finde, da sollten wir den Leutchen zuvorkommen."

An der langen Theke des Opal-Inn kostete das Bier 90 Cent – natürlich aus der Dose. Wir hatten einen kühlen Drink dringend nötig.

„Wenn wir uns schon nicht richtig waschen können, wollen wir wenigstens Zäpfchen und Gaumen von dem verdammten Staub freispülen."

Das Zeug, das wir tranken, nannte sich „Southwark Bitter" und schmeckte nach mehr.

Two more, please – noch zwei von den Dingern!"

Die brünette Bardame knallte zwei neue Dosen auf den sauber gescheuerten Blechtresen, so kalt wie Gletschereis.

„Prost!" Das klang deutsch. „Neu hier, was?" fragte das Mädchen.

„Genau."

„Wollt ihr länger bleiben?"

„Kommt drauf an", sagte Paul nach einem kräftigen Schluck und grinste breit.

„Wo seid ihr denn her?"

„Warrnambool, wenn du weißt, wo das liegt, und mein Partner, dieser ungewaschene Kerl da, wetzt sich gewöhnlich, wenn er sich nicht gerade mit mir in Australien herumtreibt, im Münchner

Ein „handlicher" Drache. Die Tiere können fast ohne Wasser
auskommen

Hofbräuhaus die Lederhosen blank."

„Aus München? Ich bin Elke und komme aus Wuppertal!"

„Ist ja irre", rief ich. „Dann gib uns gleich mal 'ne Runde aus!"

Als die ersten verschwitzten *digger* in den Pub drängten, hatte jeder von uns einen ordentlichen „Sechserpack-Vorsprung" und ein Rendezvous mit Elke: morgen um drei in ihrer Wohnhöhle.

Coober Pedy verdankt wie viele andere Orte im Outback seine Existenz dem Zufall. 1915, als in Europa gerade der Erste Weltkrieg tobte, wanderte der Engländer J. R. Hutchinson mit seiner Wünschelrute durch die Wildnis. Er entdeckte alles, nur kein Wasser. Was er fand, war das größte Opalfeld der Welt – mitten in der Wüste. Heute eine Multi-Millionen-Dollar-Industrie, die Glücksritter und Abenteurer aus allen Ecken der Erde anzieht wie ein Magnet. Manche kommen als Kinder und sterben als Greise – ohne jemals einen einzigen bedeutenden Fund gemacht zu haben. Andere haben schon beim zweiten Spatenstich Glück und sind mit einem Schlag um 100 000 Dollar reicher.

Dabei sind Opale nichts anderes als eine amorphe Form von Silizium, chemikalisch betrachtet eine wasserhaltige, nicht kristalline Kieselsäure, die sich mittlerweile sogar synthetisch herstellen läßt. Die Opalsucher wollen allerdings davon nichts wissen. Sie träumen von den *big biscquits*, den Riesenplätzchen, Opalen also von der Größe einer „Flame Queen" oder „Noolinger Neera".

1972 fand ein Glückspilz am Duck Creek, 96 Kilometer südöstlich von Quilpie in Queensland so einen Riesenbrocken von beinahe sechzig Kilogramm. Sein geschätzter Wert: $ 100 000 – ungeschliffen und unpoliert.

Ob Paul und ich jemals Opale von annäherndem Wert finden würden, lag ganz allein in unseren Händen – und am Glück. Bisher hatten wir noch keinen Spatenstich getan. Wir hatten zwar eine Lizenz, aber keinen *claim* – also uns zugeteiltes Land –, geschweige denn das geeignete Werkzeug, um den knochenharten Boden auch nur anzukratzen. Elke aus Wuppertal wußte Rat.

„Vorgestern haben sie Pommy-Phil mit seinen Stiefeln nach

oben aus einem Loch gezogen. Im Stollen hat ihm ein loser Fels den Schädel zertrümmert. Tot. Soviel ich weiß, hat der Alte keine Verwandten. Kam vor Jahrzehnten aus Manchester und wollte die große Kohle machen", erzählte sie. „Jetzt ist er hin. Fragt mal bei Malcolm nach, der ist hier Bürgermeister und Sheriff in einer Person. Vielleicht könnt ihr Pommy-Phils *claim* übernehmen."

Ein guter Tip. Malcolm McIntyre war ein Bulle von Mann: breite Schultern, viel Bauch, dicke Waden, struppiges Haar und einen dichten, grauschwarzen Vollbart. Mit leiser, freundlicher Stimme knöpfte er uns 60 Dollar ab: 40 für Pommy-Phils Grab, 20 für den *claim* von 50 mal 50 Metern. Den Stollen des Alten gab er uns gratis dazu. Nun hatten wir also unser *dug out*. Als erstes stellten wir ein Schild auf: „B & P's Wonder Cove – Piss off" – B & Ps Wunderhöhle; schleicht euch!

Über eine Holzleiter schleppten wir unsere Ausrüstung nach unten. Hier war es – im Vergleich zu der brütenden Hitze oben – angenehm kühl: 23°C. Pommy-Phils Wohnhöhle hatte vielleicht einen Durchmesser von vier Metern und war mehr als spartanisch ausgestattet: ein Feldbett, drei Petroleumlampen, ein wackliger Campingtisch, zwei Schemel. Im Vorratsschrank stand noch ein Dutzend Konserven. Eine verblichene Fotografie zeigte einen jungen Mann in Marineuniform. Neben ihm eine lachende hübsche Frau im Sommerkleid. „Wahrscheinlich er mit seiner Frau", vermutete Paul. „Vielleicht hat sie ihn betrogen. Er hat's nicht verkraftet und ist ausgewandert. Ein ganzes Leben lang hat er wohl gehofft, reich zu werden. Jetzt liegt er mit eingeschlagenem Schädel in einem Zinksarg. Ganz schön tragisch, das Schicksal des Alten."

Paul inspizierte den eingebrochenen Stollen, der von der Wohnhöhle abzweigte.

„Das Gestein ist ziemlich porös." Er leuchtete mit einer Lampe den zermürbten Fels ab.

„Sag mal, Berny, legst du Wert auf Wohnkomfort?"

„Was, hier unten? Ne, nicht die Bohne."

„Prima, dann werden wir morgen anfangen, einen neuen Stollen in den Fels zu treiben."

In dieser Nacht schlief ich ziemlich unruhig. Alpträume quälten mich. Ich sah Pommy-Phil als angeketteten, ausgezehrten Sklaven Tag für Tag am Stein kratzen, hörte das Rasseln der Ketten, roch Blut, Schweiß und Dreck. Als ich erwachte, stand der Tee schon auf dem Tisch. Paul kochte Eier auf einem rostigen Benzinkocher. So begann unser Engagement als *digger*.

Am Abend kühlten wir unsere Blutblasen und Schwielen an einem eiskalten Bier aus Elkes Kühlschrank. 36 Eimer voller Dreck, ich hatte genau mitgezählt, hatten wir mit Hilfe einer knarrenden Seilwinde nach oben geschafft, ausgekippt und gesiebt – der Abraum von unserem ersten halben Stollenmeter. Von Opalen keine Spur.

Elke versuchte uns zu trösten: „Morgen habt ihr sicher mehr Glück!"

Sie sollte nicht recht behalten. Wir fanden nur Dreck, fraßen Sand und schwitzten wie in einer finnischen Sauna. Der Dreck wurde zu einem festen Bestandteil unserer Körper. Wasser hatten wir anfangs immer um die Mittagszeit geholt, am Ende der Hauptstraße, dort, wo an einem windschiefen Gerüst ein Schild hing: *„Water Sales"* – Wasserverkauf. Das Auffüllen unseres 20-Liter-Tanks kostete 1 Dollar 90. Später gingen wir nur noch abends, nach Sonnenuntergang, zum Wasserholen. Da waren die meisten schon im Pub, und wir brauchten nicht anzustehen.

Nach drei Wochen hatten wir uns an das Leben der „Maulwürfe" gewöhnt und empfanden genau wie all die anderen zweitausend Glücksritter, die sich hier tummelten. Rolf, der früher in Köln eine Zahnarztpraxis gehabt hatte, pflegte für gewöhnlich zu sagen: „Wer einmal das bunte Glitzern des eigenen Opals gesehen hat, kommt davon nicht mehr los."

Er hatte gut reden. Tags zuvor hatte er Opale im Wert von 15 000 Dollar gefunden. Da konnten wir nicht mithalten.

Gut, es war uns gelungen, den Stollen sieben Meter in den Fels zu treiben, aber wir hatten noch nicht einen einzigen Opal gefunden. Unsere Stimmung war nicht die beste. Das gemeinsame Kapital war auf 123 Dollar geschrumpft.

„Entweder wir finden bald was, oder wir müssen den Bierkonsum einschränken."

„Niemals!" Paul war entrüstet. „Lieber verzichte ich aufs Essen. Aber aufs Bier nie!"

Tagsüber buddeln, abends sich bei Elke oder in einem anderen Pub mit Bier vollaufen lassen, so sah für die „Maulwürfe" von Coober Pedy der Alltag aus. Ob arm oder reich – jeder lebte in seinem „Loch". Gewiß, da gab es Unterschiede. Manche hatten ihre Wohnhöhle komfortabel ausgestattet, sogar einen unterirdischen Swimming-pool haben wir gesehen. Bei Grete aus Braunschweig sah es aus wie in einer biederen deutschen Bürgerstube: Spitzendeckchen, Vorhänge, eingerahmter röhrender Hirsch vor dem Watzmann an der Wand, sauberes Geschirr, gestärkte Tischdecken und eine blitzblanke Küche. Snobs besaßen große geräumige Wohnmobile mit Air-condition und Farbfernsehen.

Pauls Geburtstag feierten wir in Elkes Höhle mit Torte, Wein und Bier. Einen Tag später machten wir unseren ersten Fund. Wir schleppten den apfelgroßen, in Dreck und Sand eingeschlossenen Opal hinüber in Charlys Souterrain-Apartment.

Charly kannte sich mit Opalen aus wie kein zweiter, obwohl er erst seit drei Jahren in Coober Pedy wohnte. Eigentlich hieß er ja Karl Weidemann und stammte aus Techlowitz in Böhmen. Den Job als Zimmermann hatte er schon bald nach dem Krieg an den Nagel gehängt. Über Brasilien kam er nach Australien. Ein zäher „Knochen", mittlerweile fast sechzig, doch immer noch kräftig wie ein Bär. Früher hatte er Krokodile gejagt, in den Sümpfen oben am Gulf of Carpentaria. Da nannte man ihn nur „Crocodile-Charly". Manchen *man eater* hatte er zur Strecke gebracht und die Haut für gutes Geld verkauft. Seitdem die Regierung die Krokodiljagd verboten hatte, war er in Coober Pedy. Er handelte mit Opalen. Charly verstand sein Geschäft. Im Hinterzimmer des Opal Inn hatte er sein Büro. Hierhin kamen sogar die chinesischen Händler aus Hongkong.

Charly saß mit schmutzigroten, löchrigen Jeans, zerschlissener

Jeansjacke, von der er die Ärmel abgerissen hatte, lässig auf einem Stuhl. Die verdreckten Haare waren gewöhnlich unter einem an vier Ecken zusammengeknoteten blaßblauen Taschentuch versteckt. Und vor ihm ein Chinese: grauer Anzug, Lackschuhe und dunkle Krawatte, weißes Hemd, dessen Kragen langsam seine Form verlor. Charly trank Dosenbier, der Chinese Bacardi mit Cola.

Opale gab es nur gegen Bargeld. Innerhalb von fünfzehn Minuten wechselten 36000 Dollar ihren Besitzer. Natürlich schwarz – ohne Rechnung. Der Chinese saß kaum wieder in der zweimotorigen Cessna von „Opal Air", da klatschte Charly uns 4800 Dollar auf den Tisch.

„Euer Anteil; meine Provision habe ich gleich einbehalten."

Klar, daß wir gefeiert haben. Zwei Tage lang. Am Sonntag schliefen wir den Rausch aus.

Ein Touristenbus war angekommen. Engländer. Die „Bleichgesichter" schwärmten aus, knipsten, was die Kameras hergaben, kauften in „Elizabeth's Underground Shopping Plaza" wertlose Souvenirs und warfen den zerlumpten Schwarzen, die betrunken neben ihren Hunden lagen, eine Handvoll Dollars zu. Dann war der Spuk vorbei. Der Alltag kehrte wieder ein.

Coober Pedy hat seine eigenen Gesetze. In diesem unterirdischen Schmelztopf leben überwiegend europäische Emigranten: Griechen, Polen, Italiener, Kroaten, Franzosen und viele, viele Deutsche – nur keine Australier. Denen ist die Arbeit anscheinend zu mühsam. Schon viele sind aus ihrem Dreckloch gekrochen und waren Millionäre. Sie gingen fort, ließen in Rio, Bangkok, Acapulco, Tahiti oder Sydney die Puppen tanzen, bis der letzte Dollar für Alkohol, Frauen, Autos und Villen ausgegeben war, dann kamen sie zurück und krochen wieder in ihr Loch zurück. Schlägereien gehören hier zum Standardprogramm – besonders in den Pubs. Man prügelt sich, läßt Dampf ab, spuckt ein paar ausgeschlagene Zähne aus dem blutenden Mund und bestellt eine Runde Bier für die *mates* – die Freunde. Es gibt kaum einen Ort in Australien, wo der Bierkonsum so hoch ist wie hier in Coober

174

Pedy. Unter zwanzig ausgetrunkenen *tinnies* – Dosen – geht gewöhnlich niemand abends heim.

Den Rekord hielt bis zum 19. Oktober 1980 ein Trinkfester mit 43 Dosen an einem Abend. Da tauchte der „Steyrer Schorsch" vor der Theke auf. 52 *tinnies* schluckte er leer – wie nichts. Als der Barmann sich mit dem Wechselgeld ein wenig dümmlich anstellte, packte ihn der stämmige Österreicher beim Kragen, zog ihn über die Theke wie einen nassen Waschlappen und warf ihn krachend ins Gläserregal. Am anderen Tag, als Schorsch für den Schaden aufkommen wollte, warteten drinnen drei Polizisten auf ihn. Sie wollten ihn einbuchten. Das wollte wiederum der Schorsch nicht. Er verdrosch die drei Gesetzeshüter fürchterlich und verschwand mit ihrem Wagen in Richtung Oodnadatta.

Den Wagen fand man später in den Drahtmaschen des „Hundezauns", der „Steyrer Schorsch" aber blieb verschwunden. Er ward nie wieder gesehen.

Coober Pedy war voll mit solchen Typen: Verrückte, Aussteiger, Gesetzesbrecher, Spieler, Fanatiker, Außenseiter oder Geschäftemacher. Manche kamen für einen Tag und blieben zwanzig Jahre, andere kamen, um sich vor Finanzprüfern, Kredithaien oder der Polizei zu verstecken. Patros, der Grieche, dessen Friseurladen jeder schätzte, endete mit einer Kugel im Kopf, weil er einem Türken beim Rasieren das halbe Ohr abschnitt – aus Versehen natürlich. Warum mußte er auch so zittern?

Kurzum, es war wie im „Wilden Westen" der Vereinigten Staaten zur Zeit eines Wyatt Earp oder Doc Holiday. Neben den zweitausend weißen „Maulwürfen" lebten vielleicht dreihundert Aboriginals am Rande der unterirdischen Siedlung. Ein trauriges Bild. Steinzeit gegen Coca-Cola-Zeitalter – das mußte einfach schiefgehen. Die einstigen Jäger und Sammler, die innerhalb ihrer Stammesgemeinschaft ein freies, unabhängiges Leben führten, hatten ihre Identität verloren. Was halfen ihnen die Mythen und Legenden vom „Dreamland" aus grauer Vorzeit gegen die Big Macs, Werbetafeln und Supermärkte! Die Weißen hatten ihnen ihre Kultur rücksichtslos zerstört, jetzt vernichteten sich die

„Abos" selbst. Mit Alkohol und Drogen.

Touristen, die mit der Videokamera aus dem Air-condition-Bus steigen und verächtlich auf die verelendeten Gestalten am Müllberg der Zivilisation zeigen, sollten den ausgestreckten Finger lieber auf sich selbst richten. *Sie* tragen dazu bei, daß eine fremde Kultur hier jämmerlich vor die Hunde geht. Man praktiziert Destruktion statt Integration – ohne Rücksicht auf Verluste.

Wir saßen wieder einmal bei Crocodile-Charly. Unser Vermögen war auf 1200 Dollar geschrumpft. Paul hatte einen Großteil beim Pokern verloren. Unser Pech. Nach dem zweiten Bier erzählte Charly die Geschichte vom Bau der Eisenbahnlinie Maree – Alice Springs, die seit 1980 stillgelegt ist.

Damals, in den 20er Jahren, arbeiteten zahlreiche Chinesen als Schwellenleger und Steineschlepper – für ein paar Dollar im Monat.

„Da gab es in der Gegend von Oodnadatta einen ziemlich ‚wilden' Abo-Stamm, dessen Lieblingsspeise gebackene Chinesen waren. Meistens kamen die ‚Abos' nachts in die Camps geschlichen und kidnappten ein, zwei Chinamänner. Aus Angst vor Übergriffen rotteten die Chinesen sich immer zu Gruppen zusammen, die dann vor Angst schlotternd mit ihren klappernden Gebetsmühlen durch die einsame Wüste zogen. Aber das half auch nichts, die ‚Abos' hatten ein besonders feines Gehör. Wenn sie nicht nachts kamen, griffen die Schwarzen tagsüber an, dabei nutzten sie die ‚Willy-Willies'."

„Was ist denn das schon wieder?"

„Willy-Willies sind Windhosen, die überall in der Victoria-Wüste vorkommen. Sie sehen aus wie tanzende Staubsäulen. Die Eingeborenen sind mitten in die Windhosen gesprungen und im Schutz dieser rotierenden Dreckschleudern beinahe unsichtbar auf die Chinesen zugerast. Mit ihren Keulen und Speeren sorgten sie dann für klare Verhältnisse . . ."

„Deine Geschichten sind immer wieder schaurig-schön, Charly. Prost!"

Corroborree – Aboriginal-Krieger tanzen Szenen aus dem „Traumland"

Coober Pedy, gut tausend Kilometer nördlich von Adelaide, ist zwar einer der niederschlagärmsten Flecken der Welt, doch wenn es regnet, schüttet es vom Himmel. Echte Maulwürfe wissen, wann der Regen kommt, und treffen dann entsprechende Vorbereitungen. Uns überraschte er im Schlaf. Ehe wir wußten, was eigentlich los war, stand unsere Höhle auch schon fußhoch unter Wasser. Wir konnten gar nichts machen. Um den Einstieg abzudecken, fehlten uns Planen. Also beschränkten wir uns damit, unsere Sachen außer Reichweite von Regen und angestautem Wasser zu schaffen. Im Morgengrauen hörten die Schauer auf, zurückblieben etliche unangenehm verschlammte Stollen und Wohnhöhlen. Alles war feucht. Brot schimmelte innerhalb eines Tages. Wenn wir morgens eine Dose Kochschinken aufmachten, waren spätestens am Nachmittag Maden darin.

Die Lust auf weitere Aktivitäten als Opalsucher schwand dahin. Uns lockte wieder der unendliche Horizont und eine neue Fahrt mit unserem Toyota. Charly gab für uns im Opal Inn eine Abschiedsparty. *Free drinks* für alle. Die Jungs tranken fast den Pub leer. Es wurde ein rauschendes Fest, eins wie es unter dem „Kreuz des Südens" nicht alle Tage gefeiert wird. Am nächsten Tag brachen wir auf.

Ayers Rock – das „rote Herz" des Kontinents

250 Kilometer nordwestlich vom „Loch des weißen Mannes", auf der Höhe von Maria, liegen die Mintibie Fields, wo schwarze Opale aus dem Sand gebuddelt werden. Dort schürft man mit Bulldozern, Förderanlagen und Preßlufthämmern, alles sehr professionell. Von einer Goldgräberromantik, wie sie Coober Pedy hat, keine Spur. Wir blieben nur eine Nacht. Unser Ziel war das „rote Herz" des Kontinents, Ayers Rock, der größte Monolith der Erde.

„Wer den Rock nicht gesehen hat, kennt Australien nicht",

philosophierte Paul.

„Ich wette, du hast ihn noch nie gesehen", sagte ich.

„Da hast du verdammt recht. Ich kenne die ‚rote Murmel' tatsächlich auch nur von Fotos."

Am kobaltblauen Winterhimmel keine Wolke. Tagsüber kochte uns das Blut in den Adern, nachts, wenn die Temperaturen auf null Grad absackten, klapperten wir in unseren Schlafsäcken mit den Zähnen um die Wette. Der Highway hinauf nach Alice Springs war eine brutale, ausgewaschene Wellblechpiste. Aber was dann kam, als wir bei Erldunda nach Westen abbogen, war noch wesentlich schlimmer. Bis zum Rock waren es 460 Kilometer. „Eine Wahnsinnsstrecke, nur um zu einem Felsen zu fahren", knurrte ich und spuckte ein paar Gramm Staub aus dem Mund.

„Wart's ab, Berny, und außerdem – was sind schon vierhundertsechzig Kilometer im Outback?"

Natur pur. Eine scheinbar leere Landschaft, durchschnitten von einer halbverwehten Piste. Die Ebene war flach wie ein ungehobeltes Brett. Monotonie, Ton in Ton. Am Horizont, der sich in wabernden Luftvibrationen auflöste, war deutlich die Erdkrümmung zu sehen. Dreimal fraßen sich die Räder im Mahlsand fest. Dreimal wühlten wir uns fluchend, schwitzend und keuchend wieder heraus.

Und dann tauchte mit einemmal der Berg auf, hob seinen runden Buckel aus der Erde, wie ein gigantischer abtauchender Pottwal oder ein Urzeitmonster – der Ayers Rock. Wissenschaftler schätzen das Alter dieses Felsens auf 250 Millionen Jahre. Man vermutet, daß er die Spitze eines versunkenen Gebirges ist. Doch genau weiß das niemand zu sagen.

Der Fels wirkte fremd, paßte irgendwie gar nicht hierher. Er glich mehr einem riesigen Brocken, den eine Titanenfaust von einem fremden Stern geholt und mitten in diese völlig artfremde Umgebung geschleudert hatte. Nein, der Monolith hatte nichts Irdisches. Das mußten auch schon die Aboriginals erkannt haben, die ihre Existenz direkt mit dem Felsen in Verbindung brachten. Eine ihrer Legenden, von Generation zu Generation weitererzählt, besagt, daß die Welt anfangs, als es noch kein Leben gab, flach und ohne Konturen war. Da kamen aus dem „Traumland" gigantische Halbmenschen aus düsteren, unterirdischen Behausungen heraus und formten „Uluru", den heutigen Ayers Rock. In der Urzeit von „Uluru", die mit der Urzeit von „Kerunga", unserer Erde, übereinstimmt, erhielt jeder Felseinschnitt, jede Spalte, jede Höhle eine besondere Bedeutung.

„Uluru" wurde der Götterschlange „Wanambi" – dem Geist, der über alle Sterblichen zu Gericht sitzt – als neues Domizil übergeben. Nach ihrem Aussehen formten die Urwesen die Menschenkinder und beschenkten sie mit der Erde. Die „Uluridtja", die Kinder von „Uluru", pflanzten sich fort und teilten sich in Stämme. Aber um sich immer wieder neue Kraft zu holen und ihre mythischen Helden weiterzuverehren, mußten sie stets von neuem hierher, an den Ursprung, zurückkehren. In der Welt ihrer Mythen bestand und besteht „Uluru" aus zwei Teilen: der Sonnenseite im Norden, „Djindalagul" genannt, und der Schattenseite im Süden mit dem Namen „Wumbuluru".

Wie mit dem Lineal gezogen, lief die Piste, auf der wir uns näherten, direkt auf diesen heiligen Felsen zu.

„Der Ayers Rock gehört zu uns wie die Freiheitsstatue zu New York", belehrte mich Paul. „Ich glaube, neben der futuristischen Oper in Sydney ist der Felsen da vor uns der bekannteste Punkt ganz Australiens."

Bei Sonnenuntergang glühte der Berg wie ein überdimensionales Bremslicht. Dann, als hätte jemand das Licht ausgeknipst, verschwand der Steinkoloß wie eine Fata Morgana.

Wir waren nicht allein da. Es war Saison, und die Touristen kamen in Scharen. Auf dem Campingplatz stand ein Pulk von Autos, Motorhomes und Trailern. Weiter südlich, wo die Safari-Busse parkten, lag das *Sheraton-Hotel*, ein verschachtelter Bungalow-Komplex, überspannt von einem Gewirr rautenförmiger Zeltdächer. Die Häßlichkeit der Anlage wurde durch Punktstrahler noch besonders hervorgehoben.

„Morgen werden wir den Gipfel stürmen. Ich will unbedingt einmal von diesem Wunderwerk hinunter auf die Landschaft blicken." Paul schlüpfte in seinen Schlafsack.

„Dann müssen wir aber zeitig auf die Beine kommen."

Um sechs Uhr gingen wir den Felsen an. Im Osten leuchtete ein orangeroter Streifen über tiefem Schwarz. Ein neuer Tag tastete sich empor.

„Der Ayers Rock ist dreieinhalb Kilometer lang, eineinhalb Kilometer breit und dreihundertachtundvierzig Meter hoch", las ich aus dem Reiseführer vor. „Er hat einen Umfang von neun Kilometern."

„Blablabla", spottete Paul, „vergiß den ganzen Quatsch."

Ich fuhr unbeirrt fort, während wir uns an der Stahlkette, die an der Westflanke des Monolithen verankert ist, nach oben hangelten.

„Der Rekord für den Aufstieg liegt bei zwölf Minuten und

Ayers Rock, der größte Monolith der Erde

zweiundvierzig Sekunden, aufgestellt von . . ."

„*Shut up*, Berny – spar dir deinen Atem." Morgens war Paul nie so richtig gut drauf.

Wir schafften den Aufstieg in fünfundvierzig Minuten. Noch war keiner von den Touristen zu sehen. Wir hockten uns auf den Sockel der Gipfelstatue und aßen drei Tage alte Spritzkuchen. Die Sonne knallte uns geradewegs ins Gesicht. Schräg hinter uns im Dunst lagen die abgeschliffenen Buckel der Olga-Berge. Soweit das Auge reichte, nur Outback: Spinifex-Inseln, graubraune Erde und die knorrigen Stämme der Wüsteneichen. Tausend Meilen entfernt war irgendwo das Meer. Kein Laut war zu hören. Es war sehr beeindruckend, da oben zu sitzen.

„Es geht los, da kommen sie!" Paul riß mich aus meinen Landschaftsbetrachtungen.

Wie Ameisen, einer hinter dem anderen, krabbelten sie den Berg hinauf – Touristen aus Bremerhaven, Tokyo, Bordeaux oder San Francisco. Kameras klickten, Colo-Dosen zischten, Kinder plärrten, weil sie der Aufstieg überanstrengt hatte. Die romantische Morgenstimmung war dahin. Leere Zigarettenschachteln, Staniolpapier, Limonadendosen, Plastiktüten und aufgerissene Kodak-Filmschachteln, Stimmengewirr und Transistorradios, TUI-Taschen und Moltopren-Freizeitkleidung – natürlich knitterfest –, das war nichts für uns. Wir flohen. Der Abstieg war ordentlich geregelt: Rechts von der Kette stieg man nach oben, links ging es hinunter.

Unten am Fuße des zerfurchten Felsens saß neben einem Wegweiser ein alter Aboriginal vom Stamme der Pitjandjara, ein Häuptling. Mit grimmigem Blick glotzte er in Teleobjektive und Pocketkameras. Sein strohweißes Haar war verfilzt, der Bart struppig. Der Alte hatte Sinn fürs *big business* – für zwanzig Dollar zog er sich bis auf einen Lendenschurz aus und schwang drohend Speer und Keule. Sein Geschäft blühte. Wahrscheinlich stand unten beim *Sheraton* sein Mercedes.

„Mir langt's. Laß uns verschwinden!" Mit durchdrehenden Reifen jagten wir westwärts, eine rote Staubfahne im Schlepp. Das

Nationalheiligtum der „Abos" schrumpfte auf Brotlaibgröße.

Rosaviolett flirrten vor uns die „Olgas" oder „Katatjutas" – viele Köpfe –, wie die Eingeborenen sagen. Sie spielen eine ebenso bedeutende Rolle in ihren Mythologien wie der Ayers Rock. Zwischen den gewaltigen, von Wind und Sand rundgeschliffenen Felsmassiven gähnten tiefe, enge Schluchten. Der Aufstieg war weit schwieriger als drüben beim Ayers Rock, dafür hatte man aber den Vorteil, nur wenige Touristen zu treffen. Der Ausblick auf den Mt. Connor, den Amadeus-See und die Musgrave-Petermann-Ranges war wunderbar. Wir waren beide stark beeindruckt.

In den schattenreichen Schluchten strahlten die hellen Stämme der *ghost gums* im tiefstehenden Sonnenlicht. An kleinen Wasserlöchern stießen wir auf Felsenzeichnungen der Eingeborenen, manche über 10 000 Jahre alt. Das trockene Wüstenklima hatte sie konserviert.

Zurückfuhren wir über Curtain Springs. Ein Tankwart hatte uns empfohlen, unbedingt zur Wallara Ranch zu fahren. „Dort wird es euch gefallen."

Daß die Ranch mehr ein Hotel war, hatte uns der gute Mann wohlweislich verschwiegen. Vermutlich bekam er Prozente, wenn er Leute wie uns dorthin schickte. Trotzdem wußten wir die Wallara Ranch zu würdigen. Wenn man Tag für Tag roten Staub schluckt, sich mit Tausenden von Fliegen und anderen Insekten herumschlagen muß und sich nachts im Schlafsack fast die Zehen abfriert, dann sind die klimatisierten Wellblech-Container von Jack Cotterill, dem Ranch-Besitzer, eine wahre Luxusherberge. Sogar Heizdecken gab es. Leider vergaßen wir, sie einzuschalten, so daß wir dennoch froren. Es gab auch eine Bar und gutes Essen – und das war wichtig!

Im „Container" neben uns übernachtete ein junges Paar aus Perth. „Honeymooner, wirst sehen", tippte Paul. Er hatte recht. Doch statt Liebesgeflüster in der Hochzeitsnacht ertönte um Mitternacht ein schriller Schrei. Eine Schlange unterm Bett! Die

Braut brüllte hysterisch alles zusammen, was laufen konnte. Douglas, der Barmann, spießte das Biest mit einer Astgabel auf und schlug ihr mit einer Axt den Kopf ab. Auf den Schreck servierte die Hotelleitung gratis eine Flasche Whisky. Den hatten Braut und Bräutigam auch bitter nötig.

In aller Herrgottsfrühe gab es Frühstück. Es war unheimlich üppig, genauso wie die Rechnung, die man uns anschließend präsentierte. Zivilisation hat eben ihren Preis.

Wir schlossen uns spontan einer Kurz-Safari zum Kings Canyon an, das heißt, wir rumpelten mit unserem Toyota hinter einem umgebauten Bedford-Bus her. Auf zweihundert Kilometer schluckten wir mehr Staub als während unserer monatelangen Buddelei in Coober Pedy. Doch auch die schlimmste Tour geht einmal zu Ende.

Der Kings Canyon ist Naturschutzgebiet. Ranger achten strikt auf Einhaltung der Parkvorschriften, was die Australier allerdings nicht davon abhält, zumindest ihren Müll einfach in die Landschaft zu kippen. Diese Einstellung ist bekannt: Nach mir die Sintflut. Wir schnauften einen steilen Pfad hinauf, der durch Steine, Bierdosen, vollgeschissene Windeln und Pappbecher markiert war. In die trockene Luft mischte sich gelegentlich der Geruch von Aas. Bei optimaler Fernsicht machten wir am Horizont zwei Buckel aus, die Olgas und den Ayers Rock.

Später gelangten wir auf ein Plateau mit mächtigen Eukalyptusbäumen und dichtem Unterholz. Dahinter reckte sich eine Felswand auf – so hoch wie ein mittlerer Wolkenkratzer. Durch einen schmalen Spalt ging es in eine Art Felsenkessel, der von verwitterten Gesteinspyramiden eingerahmt wurde. Die hohen Schotterplatten konnte man besteigen wie eine Treppe. Ein gefährlicher Aufstieg allerdings. Immer wieder polterten lockere Steinbrocken und Schotter in die Tiefe. Oben pfiff ein sehr scharfer Wind. Unsere schweißnassen Gesichter waren im Nu trocken. In den Rissen und Furchen des Felsmassivs wuchsen Harthölzer, ihre langen Wurzeln wie Spinnweben ausgebreitet. Nach hundert

Metern standen wir vor einem schier bodenlosen Abgrund. Aus Angst, vom Wind umgerissen zu werden, gingen wir in Bauchlage und robbten uns vorsichtig an die Abbruchkante heran.

Tief unter uns lag ein tropisches Paradies mit Palmen in allen Variationen. In glitzernden, kristallklaren Teichen badeten Vögel. Silbrighell stürzten von der gegenüberliegenden Nordseite des Canyons Bäche hinab. Im Sprühnebel blinkte ein Regenbogen in satten Farbtönen. Ohne Fallschirm war dieser „Garten Eden" für uns allerdings nicht erreichbar. Es war wie in einer Peep-Show: Man konnte sehen, aber nicht anfassen.

Nachdem wir den Kings Canyon verlassen hatten, steuerten wir in westlicher Richtung nach Alice Springs. Im Umkreis von tausend Kilometern gab es keine andere Stadt weit und breit. Eine Oase in der Wüste. 1872 war Alice – wie es die Australier kurz nennen – nur eine kleine Relaisstation für die Telegrafenleitung nach Darwin. Heute, etwas über hundert Jahre später, leben dort 15 000

Die MacDonnell Ranges im Northern Territory

Menschen. Die Relaisstation steht allerdings noch immer, direkt neben den lebenswichtigen Frischwasserquellen.

A town like Alice – eine Stadt wie Alice – bietet dem Outback-Reisenden alles, was das Herz begehrt. Von hier starten die Exkursionen in die McDonall Ranges, Aboriginal-Reservate oder in die Victoria-Wüste. In Alice Springs befindet sich das Hauptquartier des „Royal Flying Doctor Service" und die Zentrale der „School of the Air", jene einmalige Funkschule, welche die Kinder auf den abgelegenen Farmen per Funk unterrichtet. Und die Kamelzüchter rund um Alice haben einen vorzüglichen Ruf. Bei ihnen ordern unter anderem die Scheichs von Bahrain, Dubai, Katar und Saudi-Arabien Zuchttiere, denn die australischen Kamele sind weitgehend immun gegen Krankheiten und Seuchen.

Paul und ich blieben zwei Wochen. Nicht weil uns die Stadt so besonders gefiel, aber wir brauchten mal wieder Geld. Bei der Arbeitsvermittlung gab es nur schlecht bezahlte Aushilfsjobs, wie Toilettenreinigen, Zementsäcke schleppen oder Schafe desinfizieren. Nichts für uns. Wir versuchten es auf eigene Faust. Mit Erfolg. Paul bekam einen Job als Hilfsmonteur in einer Autowerkstatt, ich wurde Tellerwäscher in einer Kantine – für 30 Dollar pro Tag. Wir zelteten auf dem Green Leaves Campground am Rande der Stadt, dort konnte man prima duschen.

Gewiß, wir hätten länger bleiben können. Doch gefiel uns die Stadt nicht, und außerdem wurde die Arbeit mies bezahlt. Ich verstehe heute noch nicht, wie ganz normale Menschen es in dieser langweiligen Stadt über Jahre hinaus aushalten können. Für mich war Alice Springs noch uninteressanter als ein Krater auf dem Mond.

„Sag mal, Paul, wann haben wir eigentlich das letztemal gebadet – im Meer, meine ich?"

„Hmm, laß mich nachdenken. Das war doch in Rapid Bay, wo wir den Wein aus dem Barossa Valley ausgenuckelt haben. Ich glaube, das war im Mai."

„Stimmt, und jetzt ist es Ende Oktober, und wir sitzen immer noch in der Wüste und kauen Sand und Fliegen, sobald einer von uns nur den Mund aufmacht."

Wir lagerten in einem Creek an den Ausläufern der Reynolds Ranges. Im Feuer brutzelten Steaks aus der Dose. Der Rauch hielt uns einen Großteil der Fliegen vom Hals.

„Du meinst also, wir sollten irgendwo ans Meer fahren?"

„Genau, Paul, und zwar so schnell es geht. Bald werden die Zyklone den Sand in knietiefen Schlamm verwandeln. Ich habe keine Lust, noch einmal für Tage durch reißende Flußläufe von der Außenwelt abgeschnitten zu sein. Warum fahren wir nicht rüber nach Western Australia? Da gibt es auch bessere Jobs als in Alice Springs oder Darwin."

Wir diskutierten heftig, studierten die zerfledderte Landkarte und einigten uns auf Broome – via „Tanami Track".

„Das kann ein hartes Stück Arbeit werden." Paul war skeptisch. „Von unserem Standpunkt bis Halls Creek, wo der Track auf den Great Northern Highway stößt, sind es über tausend Kilometer. Tausend Kilometer zuviel, wenn du mich fragst. Der Track ist berüchtigt. Ich glaube, wir sollten uns vorher bei der Polizei erkundigen, ob die Strecke okay ist."

Wir meldeten uns bei der nächsten Polizeistation, die in Funkverbindung mit der Eingeborenensiedlung Yuendumu stand. Dort konnten wir gegebenenfalls auch tanken. Sollten wir uns innerhalb von 72 Stunden nicht bei der dortigen Polizei melden, würde eine Suchaktion eingeleitet werden. Das klang spannend und gefahrenreich. Dem war aber nicht so, zumindest nicht bei uns.

Wir schlitzten uns zwar an einer scharfen Felsenkante den linken Hinterreifen auf und saßen zweimal im Treibsand fest, erreichten aber Yuendumu innerhalb der festgelegten Zeit. Wir blieben nicht lange; zu trostlos war dieses Nest. Wir tranken ein frisches Bier, tankten und fuhren weiter. Rabbit Flat war der nächste markante Punkt auf der Karte. Eine richtige Oase mit Obst- und Gemüsegärten, schattigen Bäumen und einem ordentlich geführten Motel. Wir gönnten uns eine Nacht in weichen Betten und fliegenfreier Luft – dank der Klima-Anlage. Der

General Store war optimal bestückt, besser als so mancher Großstadt-Supermarkt. Kein Wunder – der nächste vergleichbare Laden war über sechshundert Kilometer entfernt.

Im Gebiet der Gardiner Ranges stießen wir auf einen Trupp „Abos", halb nackt und schwarz wie die Nacht. Aus Zweigen und Dornengestrüpp hatten sie provisorische Hütten errichtet, als Schutz gegen Sonne und Wind. Direkt neben dem Track loderte eines ihrer Feuer, daneben verstreut die Reste eines zerlegten Rindes.

„Wie kommen die zu solch einem Braten?"

„Keine Ahnung, Berny. Vielleicht hat einer von den Kerlen eine verirrte oder verletzte Kuh erschlagen. Jetzt schwelgt die Familie jedenfalls in Fleisch."

Der Chief des Clans lud uns zum Essen ein. Wir nahmen dankend an. Mehr als schlecht konnte uns ja nicht werden.

Wir hockten uns also zu den Schwarzen. Der Chief nannte sich Jim Undandita Kudunda. Er und sein ältester Sohn sprachen als einzige Englisch. Alle anderen verstanden nur ihren eigenen kehligen Dialekt. Wir verteilten unser lauwarmes Bier, was den Alten ungemein gesprächig machte. Er erzählte uns von Uluru – dem Ayers Rock –, von dem er seine Kraft hatte, direkt von *Ngoru*, dem Gehirn.

„Was ist denn das? Wir waren beide auf dem Felsen. Gesehen haben wir viel, ausschließlich Touristen, aber ein Gehirn sahen wir nirgendwo."

„Kein Wunder", sagte der Alte, „denn nur wir, die Kinder des ‚Großen Berges', können das Gehirn sehen. Es ist an der Sonnenseite, also der Nordseite des Uluru, dort wo auch die Schlafplätze, die Höhlen der Götter sind. Für uns vom Stamme der ‚Balwina' war ich in der Höhle der Fruchtbarkeit und habe dort meinen *churunga* vom ‚Guten Geist' küssen lassen."

Ein *churunga* ist ein ovaler Stein, rund 40 bis 50 Zentimeter lang, in den merkwürdige Zeichen und Symbole eingraviert sind. Jeder *churunga* enthält das Wissen des Clans, das heißt alle Mythen und Legenden aus dem „Traumland".

„Kannst du uns nicht deinen *churunga* zeigen?" fragte Paul den alten Mann.

„O nein, das ist unmöglich. Nur Eingeweihte unseres Stammes dürfen ihn sehen. Frauen werden beim Anblick des geweihten Steins blind und unfruchtbar. Wir verwahren den *churunga* tief im Innern einer Höhle, drüben in den Bergen." Er deutete mit dem ausgestreckten Arm hinüber, auf die Black Hills, die im grellen Licht der sinkenden Sonne braunrot aufflammten. Eine junge Schwarze mit pockigen Narben im Gesicht reichte uns *damper*, eine Art Brot, das auf heißer Schlacke im Erdofen gebacken wird. Es hatte einen kräftigen Geschmack.

„Das bißchen Asche kannst du ruhig mitessen", sagte Paul, „es desinfiziert und reinigt den Magen."

Wir spülten mit Bier nach.

„Hoffentlich servieren die uns keine Okoha-Frösche", flüsterte er mir ins Ohr. „Die ,Abos' hier essen eben alles – selbst Eidechsen, Kuhmist und Känguruh-Schwänze."

Chief Jim erzählte weiter. Seine Geschichten wurden immer unglaubwürdiger, waren aber ungemein faszinierend. „Wir bestrafen unsere Leute nach uralten Gesetzen. Die Todesstrafe kann nur vom Rat der Ältesten ausgesprochen werden und kann sich auch nur gegen Stammesmitglieder richten. Eingeweihte Männer nähern sich dem Todgeweihten, ohne von ihm gesehen zu werden. Sie tragen Kadaitcha-Schuhe aus Känguruhfell und braune Emufedern. Dann halten sie den *bone*, einen Zauberknochen, oder einen magischen Stab in Richtung des Opfers, singen geheime Beschwörungsformeln und verschwinden so lautlos, wie sie gekommen sind. Ein auserwählter Verwandter des Verurteilten wird abgesandt, um von dem erfolgreich ausgeführten *bone pointing* zu berichten. Dann verliert der Todgeweihte sämtliche Lebenskraft und siecht elendig dahin. Berührt ihn jetzt ein Stammesmitglied, fällt er auf der Stelle tot um. Aber noch besser hilft das hier." Der Alte ergriff eine fast mannshohe Keule aus steinhartem Holz. „Ein leichter Hieb, und dein Kopf zerbricht wie ein rohes Hühnerei."

Mir wurde der Eingeborene unheimlich. Paul schien es ebenso zu gehen.

„Ich habe keine große Lust, bei den ,Abos' zu übernachten", raunte ich Paul zu. „Noch ein Bier, und der Alte haut mit seiner Keule um sich. Laß uns versuchen abzuhauen."

Wir drückten dem Schwarzen die Hand, schenkten ihm noch einen Sechser-Pack Bier und schwangen uns schnell in den Toyota. Chief Jim verstand gar nichts mehr. Paul haute den Gang rein und gab Gas.

Natürlich hatten wir uns falsch verhalten und machten uns hinterher auch Vorwürfe. Wieder einmal hatte die sogenannte Zivilisation die Steinzeit brüskiert.

Bald war die Grenze zu Western Australia erreicht, und wir kamen in die Region der Kimberleys, ein rauhes, gebirgiges Viehzuchtgebiet.

„Kennst du das Buch Boss Drover von Keith Willey?" fragte Paul. Er döste auf dem Beifahrersitz vor sich hin und hatte die Beine lässig übereinandergeschlagen.

„Nein", antwortete ich trocken.

„Der hat über die Kimberleys geschrieben, über die *stockmen*, die hier riesige Rinderherden hüteten – für ein paar lumpige Dollar im Monat. Es gibt keine besseren Cowboys als die Schwarzen, weißt du. Zählen können sie nicht bis fünf. Aber sie haben Augen wie Falken. Die würden selbst bei einer fünfhundertköpfigen Herde feststellen, wenn beim Tränken auch nur ein Kalb fehlt. Keith Willey schreibt auch über die ,Queenais', die Aboriginal-Mädchen. Wenn man seinen Aussagen glauben kann, waren diese Mädchen die hübschesten und verführerischsten in ganz Australien."

„Wieso waren?" unterbrach ich seine literarischen Beschreibungen. „Vielleicht sind sie's noch. Das läßt sich sicher schnell feststellen."

Wir passierten gerade ein Stelle, wo sich zwei Tracks kreuzten.

„Halt!" Paul war plötzlich hellwach. „Gib mal die Karte!" Er faltete die Karte auseinander und ließ seine Finger suchend über lie braungelben Flecken kreisen. „Der Wolf Creek Crater muß ganz in der Nähe sein", murmelte er, „setz doch mal zurück."

Ich tat ihm den Gefallen. Auf einem windschiefen, verwitterten Hinweisschild am Rande der Staubwüste stand: „Canning-Stock-Route".

„Wir sind richtig, fahr da lang."

Ich bog links ab. Die Piste war fürchterlich, zerfurcht, mit Schlaglöchern so tief und so groß wie Bombentrichter. Unser Toyota mußte sich quälen wie selten zuvor. Hundert Meilen weiter stießen wir auf einen anderen Wegweiser: „Wolf Creek Meteorite Crater – 10 Miles."

„Na, bitte", sagte Paul, „wir sind gleich da."

Ein flacher Hügel hob sich aus dem Einerlei der rotbraunen Töne.

„Soll das dein berühmter Krater sein?"

„Wart nur ab, wirst schon sehen."

Am Fuß des Hügels hielten wir an. Wir mußten etwa sechzig

Rote Monotonie

191

Meter hinaufklettern, um den Rand zu erreichen. Unter uns ein riesiger Kreis, im Zentrum ein dunkelbrauner Fleck.

„Du stehst vor einem Wunder: der zweitgrößte Meteoritenein-schlag der Erde, Durchmesser achthundert Meter, Tiefe neunund-vierzig Meter. Er bedeckt eine Fläche von annähernd 1,296 Hektar", sagte Paul.

„Bravo, Herr Lehrer, ich bin tief beeindruckt."

„Vor fünfzigtausend Jahren muß es hier einen ungeheuren Schlag getan haben, als Mutter Erde mit dieser kosmischen Kanonenkugel kollidierte. Hätte es damals schon ‚Abos' gegeben, sie hätten sich vor Schreck sicher in die Hose gemacht."

„Sie trugen doch nie welche, du Quatschkopf!"

„Hast auch wieder recht." Und dann tat Paul das, was er eigentlich schon auf dem Gipfel des Ayers Rock machen wollte: Er pinkelte in die Tiefe.

Der Krater war wirklich imposant, doch kein Ort, um lange zu verweilen. Wir rutschten den Hang wieder hinunter und starteten zurück.

„Wohin soll jetzt die Reise gehen, mein Herr?"

„Ach, chauffieren Sie mich doch bitte zum nächsten Pub."

Das war leichter gesagt als getan. Weit und breit war nichts, nur Steine und Sand.

Bis Halls Creek waren es noch 150 Meilen. Paul wollte unbe-dingt in der ehemaligen Goldgräberstadt campieren, wo 1883 das erste Gold in Westaustralien gefunden wurde. Wir fanden den Ort, beziehungsweise das, was von ihm übriggeblieben war. Nur noch Ruinen und ein vom Flugsand halbverwehter Friedhof zeugten von der Blütezeit des Goldrauschs.

Beim alten Post-Office richteten wir uns häuslich ein. Paul kümmerte sich um das Feuer. Ich lehnte mich müde gegen die warmen Lehmziegel. Sonnenuntergang. Der Himmel brannte in allen Farben, die Moskitos bereiteten sich auf den nächsten Großangriff vor. Plötzlich erstarrte mir das Blut in den Adern, trotz der abendlichen Hitze. Kurz vor meinen Füßen ringelte sich eine Zweieinhalbmeterschlange. Ein Taipan! Sein Biß ist absolut tödlich. Stocksteif saß ich da und wagte kaum zu atmen. Auf meiner Stirn bildeten sich feine Schweißperlen und liefen mir in die Augen. Langsam bewegte der Taipan seinen platten Kopf. Seine dünne Zunge stieß aus dem spitzen Maul hervor wie ein Stilett.

Paul stand wie festgenagelt vor dem Toyota – vier Meter entfernt. Er hob den Zeigefinger vor den Mund und starrte ängstlich herüber. Da die Schlange keine Vibrationen wahrnahm, kroch sie weiter und verschwand in der Dunkelheit. Ich sprang auf und hetzte zum Wagen. Ich war fix und fertig.

„Paul, ich . . . ich . . ." Meine Knie waren wie Pudding.

„Sie ist weg und kommt bestimmt nicht wieder, Berny-Boy."

„Du bist gut", stotterte ich. „Was wäre passiert, wenn das Biest mich gebissen hätte?"

„Da hätte ich wenig machen können. Ich hätte dir noch ein Bier gegeben und dann dein Grab geschaufelt."

Er warf einen Arm voll trockener Äste ins Feuer, schaltete die Scheinwerfer an und baute das Zelt auf. Zwei Dosen Bier beruhigten mich halbwegs, nach drei weiteren war der Taipan fast vergessen, noch zwei – und ich schlief ein . . .

Wunderland Westaustralien

Australien begeisterte mich immer mehr. Dieses unermeßlich weite Land war wie eine überdimensionale „Wundertüte" – an jeder Ecke gab es eine neue Überraschung. Zum Beispiel der Fitzroy River, dessen Quelle zwischen Halls Creek und Kununurra zu finden ist. Auf seinem Weg zum Indischen Ozean hat er sich in Tausenden von Jahren immer tiefer in das Sedimentgestein hineingefressen. Das Ergebnis dieser „Fleißarbeit" sind die *gorges*, klare, mit frischem Wasser gefüllte Felsschluchten von unglaublicher Schönheit.

Echte Show-Stücke sind Geikie-Gorge und Windjana-Gorge,

wo sich neben Süßwasser-Krokodilen von fünf Metern Länge, Stachelrochen, Flußhaien und Schildkröten auch zahlreiche delikate Fischarten im kühlen Wasser tummeln. Der meistgefragte Fisch ist zweifellos der Barramundi, Australiens Edelfisch Nummer eins. Sein Aussehen und der Geschmack lassen sich durchaus mit europäischen Lachsen vergleichen. Gleich nach dem Fang über dem Feuer gebraten, schmeckt er am besten.

Die Schluchten waren in der Vergangenheit das Versteck des Eingeborenenführers „Pigeon", eines ehemaligen Fährtenlesers der Polizei. Er leitete um 1890 einige erfolgreiche Attacken gegen die von ihm gehaßten weißen Eindringlinge. Seine Operationen waren so durchschlagend, daß sich die Regierung von Perth entschloß, ein Artillerie-Bataillon in die Rebellen-Region zu senden. Nur kurze Zeit später wurde der Eingeborenenführer Opfer eines heimtückischen Mordanschlags, was gleichzeitig die Niederwerfung des Aufstandes bedeutete, bei dem Hunderte von Aboriginals erschossen wurden. Die wenigen Überlebenden des

Stockman mit Rindern in Westaustralien

Massakers flohen in die Einsamkeit des Kimberley-Plateaus oder zogen sich in die Große Sandwüste zurück.

Vierhundert Kilometer nördlich der paradiesischen *gorges*, in Wyndham, endete 1886 eine der größten Pionierleistungen des Jahrhunderts. Donald McDonald und seine erfahrene *stockmen crew* erreichten mit 327 Rindern und 13 Pferden die neue Stadt, welche ihre Existenz dem Goldrausch von Halls Creek verdankt. Dreieinhalb Jahre waren die McDonalds und ihre *stockmen* Jasper Pikles, Peter Thompson und Jim McGeorge unterwegs. 5600 Kilometer quer durch den Kontinent lagen hinter ihnen. Hitze und Staub, Giftschlangen, Krokodile und Skorpione, Fliegen, Moskitos und Sandstürme waren ihre ständigen Weggenossen, auf die sie gerne verzichtet hätten. Über achthundert Rinder und 95 Pferde blieben bei diesem mörderischen Treck auf der Strecke. Ein guter Schnitt für die damalige Zeit.

Als wir uns Derby, der Stadt an der Mündung des Fitzroy River, näherten, fielen uns als erstes merkwürdig gewachsene Bäume auf, die *baobabs*. In ihren fleischigen, flaschenförmigen Stämmen können sie Unmengen von Wasser speichern, das sie mit ihrem weitläufigen Wurzelgeflecht aus dem Boden saugen. Ihre Früchte, ähnlich wie Nüsse, haben einen eßbaren Kern, der vom Geschmack her an Kastanien erinnert.

Den spektakulärsten *baobab* entdeckten wir sieben Kilometer vor der Stadt: In seinen ausgehöhlten kugelförmigen Stamm pflegten die Leute von Derby ihre Gefangenen zu stecken, die zur Gerichtsverhandlung nach Broome transportiert werden sollten. Außer der höchsten Tide – 11,60 Meter – am King Sound hatte Derby uns wenig zu bieten. Es war ein weiteres verschlafenes, vielleicht sogar das verschlafenste Kaff, und davon hatten wir schon jede Menge gesehen.

Das beste war noch die Bar des Baobab Inn, wo wir auf eine Meute *stockmen* stießen, die gerade ihren Lohn in Biereinheiten umwechselte. Hier hörten wir auch zum erstenmal eine skurrile

Story, die wir in den Wochen danach mindestens noch viermal in stets neuen Varianten aufschnappten. Gewöhnlich begann sie mit der Frage: „Was macht ein abgeklärter Westaustralier, der irgendwo im Outback eine Autopanne hat: seine Ölwanne ist durchgeschlagen?"

Natürlich wußten wir seinerzeit im Baobab Inn die Antwort noch nicht. Was aber nicht tragisch war, denn ein baumlanger *stockman* gab sie uns gleich darauf: „Ganz einfach. Der Bursche steigt aus, zerrt seine Knarre aus dem Kofferraum und wartet, bis

Die Abbruchkante eines Kontinents – die Nullarbor Plain in Süd-australien

ein versprengtes Rind näher kommt. Mit sicherem, gezieltem Schuß legt er das Tier um und zerlegt es sorgfältig. Mit Pansen oder Labmagen flickt er die leckgeschlagene Ölwanne. Auf einem Benzinkocher läßt er das Fett aus. Bis auf den allerletzten Tropfen kippt er es in den Einfüllstutzen und fährt weiter. Nach drei Tagen erreicht er ohne weitere Probleme die Vieh-Station. Er ist gerettet."

Broome hatte Flair und einen Hauch von Exotik, obwohl die „wilden Jahre" längst vorüber waren.

Der englische Freibeuter Wilhelm Dampier segelte bereits 1699 an der zerklüfteten Küste entlang und strandete mit seinem Schiff in der Roebuck-Bay. Fast 200 Jahre lang geschah dann nichts mehr an diesem Küstenabschnitt. Doch dann fand man in den weiten Sandbänken vor der Küste Perlen von unvorstellbarer Vollkommenheit, und Broome erlebte einen ungeahnten Boom.

Zwischen 1910 und 1930 drängten sich teilweise bis zu vierhundert Perlen-Logger im Hafen. Die Besatzung dieser Boote war kunterbunt: Japaner, Filipinos, Malayen, Koepang-Männer und Araber. Dreitausend Taucher holten von den Sandbänken genug Perlen und Perlmutt, um damit über 80 % des Weltbedarfs zu decken. In Broome war die „Hölle" los. Glücksspielhallen, Speiserestaurants, Bars und Bordelle blühten auf. Der „Red Light District" am Hafen war bekannter als die Amüsierzentren in Singapur, Shanghai, Bombay, Manila oder San Francisco. Holzvillen, japanische Teehäuser, chinesische Tempel, Badehäuser, Hotels und Opiumhöhlen schossen wie Pilze aus dem Boden.

Dann kam der Zweite Weltkrieg. Die Asiaten wurden fast alle interniert oder vertrieben. Die Perlen-Industrie brach zusammen. Mit der Erfindung des Kunststoffs kam für Broome das endgültige Aus. Heute erinnern nur noch die Friedhöfe, ein paar von tropischen Bäumen verdeckte, halb zerfallene Holzvillen, die restaurierte China-Town und „Shinju Matsuri", das Festival der Perlen, an den einstigen schillernden Ruhm der Stadt.

Wir lernten einen alten japanischen Fischer kennen, der fast täglich noch mit seinem Logger hinausfuhr und gelegentlich nach den Diamanten suchte, die kurz vor Ende des Zweiten Weltkrieges bei der Explosion eines holländischen Flugbootes, für ewig in der Roebuck-Bay versunken sein sollen. Gefunden schien er allerdings nichts zu haben.

Den traumhaft schönen Strand von Cable Beach hatten wir fast jeden Tag für uns allein. Auf zehn Kilometer Länge war außer ein paar Aboriginal-Kindern, die sich in den Fluten tummelten, weit und breit keine Menschenseele zu sehen. Entweder lag das an der Jahreszeit, oder es war einfach immer so. Gedanken darüber haben wir uns jedenfalls nicht gemacht. Wir genossen es einfach.

Arbeit gab es für uns keine in der alten Perlenstadt, und so verließen wir sie wieder. Der endlose Küstenabschnitt zwischen Broome und Port Hedland war leer. Wir fuhren zwei Tage, ohne auf Menschen zu stoßen. Da war einfach nichts. Nichts als der Indische Ozean – wenn wir rechts aus dem Fenster schauten. Links gab's nur Sand, Felsen und ein paar einsame Grasbüschel. Darüber ein blauer wolkenloser Himmel und eine grelle Sonne, welche diesen fünfhundert Kilometer langen Küstenabschnitt zum Schmoren brachte.

In Port Hedland dominierten zwei Farben: Rostrot, dort wo das Eisenerz aus den Hamersley Ranges verschifft wurde, und Weiß, wo sich wie riesige Wanderdünen die Salzberge auftürmten. Millionen von Tonnen werden hier jedes Jahr in die Welt hinausgeschickt. Noch vor zwanzig Jahren war Port Hedland nichts anderes als eine kleine, sterbende Siedlung mit knapp sechshundert Einwohnern, das Hinterland war Wüste. Das einzige große Ereignis für die Leute, die an diesem entlegenen Teil des Kontinents ihr Dasein fristeten, war die Ankunft des Regierungsschiffes mit frischem Bier und Whisky.

Heute leben hier über 20 000 Menschen, die mehr Geld verdienen als irgendwo anders in Australien, dank der unvorstellbaren Erzfunde in der „Pilbara", der vermutlich größten Schatzkammer der Erde. Gold, Uran, Mangan, Eisen, Nickel, Bauxit und Kupfer –

der Vorrat scheint unerschöpflich zu sein. Für uns der ideale Platz, um schnell ein paar Dollar zu machen.

Drei Wochen lang schufteten wir. Mit Bulldozern bewegten wir tonnenweise grellweiße Salzberge hin und her. Sonnenbrillen gegen die blendenden Reflexe wurden uns genauso gestellt wie die tägliche Ration Bier, denn der Job hatte es wirklich in sich. Jedesmal, wenn ich heute noch einen Salzstreuer im Restaurant sehe, denke ich: Dafür hast du malocht, von morgens bis abends, damit irgendwo auf der Welt jemand mit diesem Salz sein Süppchen würzen kann.

Mit 3200 Dollar auf der Haben-Seite setzten wir uns nach Süden ab, wo das „Land so trocken ist, daß die Krähen rückwärts fliegen, um nicht ständig Staub in den Augen zu haben!"

Dampier war eine andere rostrote Hafenstadt. Das Erz wurde von endlos langen Güterzügen – drei Dieselloks hintereinandergekoppelt und bis zu 150 Waggons – direkt aus den Minen von Tom Price oder Parabudoo, wo es im Tagebau mit Bulldozern abgebaut wird, herbeigekarrt und über Fließbänder in die Bäuche der Schiffe gekippt. Hauptabnehmer ist Japan.

Wir blieben einen Tag, schauten zu, wie andere arbeiteten, und spülten abends den roten Staub in der Brandung des Indischen Ozeans ab.

Attraktiv wurde es erst wieder in der Gegend von Carmarvon. Die Bananenplantagen schienen fast bis an den Rand der steilen Klippen zu wachsen. Dank der künstlichen Bewässerungsanlagen strotzte das Land vor Fruchtbarkeit.

Da gerade Krabben-Saison war, heuerten Paul und ich auf einem Trawler an. Wir benötigten wieder einmal Geld, und das auf einem Schiff zu verdienen, schien uns abwechslungsreich. Es war zwar harte Arbeit, und drei Wochen stanken wir nur nach Salzwasser, Ölzeug und tranigem Fett. Doch als der Skipper nach der letzten Fahrt jedem von uns 1250 Dollar in die Hand zählte, strahlten wir wie die Honigkuchenpferde. Es war genau die richtige Summe, um sich im australischen Kalifornien – das Gebiet von Geraldton bis hinunter nach Perth – ausgiebig zu vergnügen.

Das Klima war ideal an diesem traumhaft schönen Küstenabschnitt – 27 bis 29° C mit einer steten, erfrischenden Brise vom Indischen Ozean. Langusten gab es hier, so groß und wohlschmeckend wie nirgendwo sonst auf der Welt. Wir verlebten eine prächtige Zeit. Als Paradies für Schatzsucher boten sich die Abrolhos Inseln, hundert Kilometer vor Geraldton, an. Im ausgehenden 17. Jahrhundert strandeten dort mehrere holländische Ostindienfahrer und versanken mit Mann und Maus in den Fluten. Wir wurden allerdings nicht fündig.

Allmählich zeigten sich bei mir die ersten Anzeichen von abbröckelnder Abenteuerlust. Als Paul vorschlug, das Goldgräberland von Kalgoorlie-Boulder zu erkunden und in den zum Teil verlassenen Minen zu schürfen, stimmte ich entschieden dagegen. Ich war es leid, ständig in rotem Sand zu schlafen, auf schwarzen Fliegen zu kauen und Schlangen, Känguruhs oder Emus in die Augen zu schauen. Paul hatte dafür Verständnis.

„Weißt du, Berny, wenn ich ehrlich bin, würde ich am liebsten heimfahren und mich ein wenig von meiner netten Schwester verwöhnen lassen. Irgendwie interessiert es mich auch, was die Jungs von der Uni so machen. Vielleicht sollte ich wieder das Studium aufnehmen." Wir einigten uns darauf, die Rückreise anzutreten.

Die Strecke Albany–Esperance–Port Augusta–Adelaide über die „Nullarbor Plain" – aus dem Lateinischen: *nulla arbor* – kein Baum – schafften wir in einer Woche, wobei wir durchschnittlich 400 km pro Tag durch das Nichts fuhren. An der 1200 km langen Straße lagen gerade fünf armselige Ortschaften. Ansonsten nur flaches, trostloses Wüstengebiet, das bis ans Meer reichte und dann steil abbrach.

Wir waren wieder in Warrnambool. Dorothy, Pauls Schwester, war überglücklich, uns zu sehen. Stundenlang mußten wir ihr

erzählen, was wir gesehen und erlebt hatten. Am nächsten Tag
fuhren wir nach Port Campbell, einem der schönsten Küstenab-
schnitte Victorias. Aus dem weichen Felsgestein hatte die tobende
See im Laufe der Jahrtausende riesige Stücke herausgewaschen
und skurrile Gebilde geschaffen, die so bezeichnende Namen wie
die „Zwölf Apostel" oder „London Bridge" trugen. Wir saßen auf
einer hohen Klippe und blickten in die Ferne.

„Was wirst du jetzt tun, Berny?"

„Ich denke, ich fahr' nach Sydney und besuche Jenny und Tim.
Wahrscheinlich werde ich ein paar Tage dort bleiben und nachdenken."

„Worüber?"

Ich lachte. „Na, darüber, ob ich mir noch ein wenig die Mädchen
in Sydney anschaue oder ob ich nach Hause fliege. Obwohl . . . in
Deutschland ist jetzt Winter. Nicht gerade mein Fall. Was willst
du denn nun anstellen, Paul?"

„Du wirst es nicht für möglich halten, altes Haus, aber mich hat

„Die zwölf Apostel" – Steilküste bei Port Campbell in Victoria

der Ehrgeiz gepackt. Ich will versuchen, mein Studium zu Ende zu führen. Doch zuerst mache ich es mir bei Dorothy für einige Wochen so richtig gemütlich."

„Wohl dem, der so eine Schwester hat."

Wir verlebten noch einen wunderschönen Tag an der Great Ocean Road mit ihrem atemberaubenden Panorama, doch war niemand von uns so richtig fröhlich. Die bevorstehende Trennung bedrückte. Da war man so lange zusammen gewesen, hatte miteinander an unzähligen Feuern gehockt, in der Wüstenhitze geschwitzt und Staub geschluckt, so manche heikle Situation gemeistert und sich dabei prächtig verstanden. Verdammt, Paul war für mich mehr als nur ein Reisegefährte oder eine Bekanntschaft. Ich empfand tiefe Freundschaft und Zuneigung für ihn, und sich nun trennen zu müssen tat weh. War es nicht Hermann Hesse, der gesagt hatte: „Abschied ist jedesmal ein kleiner Tod"? Etwas Wahres war an dieser Aussage schon dran.

Paul empfand ähnlich. Als Dorothy darauf bestand, mich mit dem Wagen nach Melbourne zu fahren, weil ich von dort nach Sydney fliegen wollte, blieb Paul lieber zu Hause. Ein kurzer Abschied sei besser, meinte er.

„Schreib mir, oder ruf an, wenn du Zeit hast. Und jetzt hau endlich ab!" Er klappte die Autotür zu und ging zurück zum Haus.

Dorothy fuhr los. Als ich mich umschaute, hob er noch einmal die Hand und winkte mir zu. Ich mußte kräftig schlucken und fühlte mich leer. Es war, als würde ein Teil von mir bei diesem liebenswerten Vagabunden aus Warrnambool zurückbleiben.

Reisetips –
Australien von A–Z:

Allgemein

Australien ist ein Superlativ: Die größte Insel und der kleinste Kontinent der Welt wird von einer einzigen Nation besiedelt. Das Land bedeckt eine Fläche von 7,7 Millionen Quadratkilometern und ist 32mal größer als die Bundesrepublik Deutschland. Eingefaßt vom Indischen Ozean im Westen und von der Korallensee, der Tasman-See und dem Südpazifik im Osten, liegt Australien zwischen 113°09′ und 153°39′ östlicher Länge und 10°41′ und 43°39′ südlicher Breite. Seine Küstenlänge beträgt 36 735 km. Charakteristisch sind wolkenloser Himmel und geringe Niederschläge.

Das Land ist flach. Nur ein Zwanzigstel des Kontinents liegt höher als 600 m über dem Meeresspiegel. Die im Südosten befindliche Dividing Range stellt mit Erhebungen um 1800 m und mehr das höchste Bergland dar. Hier befindet sich auch das einzige attraktive Skigebiet – rund um den 2228 m hohen Mount Kosciusko.

Von den 16 468 600 Australiern, meist europäischer Abstammung, leben die meisten in den Städten entlang der Küste, davon mehr als die Hälfte in den beiden Ballungszentren Sydney und Melbourne. Hauptstadt des aus sechs Bundesstaaten bestehenden Landes ist Canberra. Bundesterritorien, die zum Commonwealth of Australia gehören, sind Northern Territory und das Capital Territory, Norfolk Island, Coral Sea Islands, die Christmas- und Cocos-Islands im Indischen Ozean, das Ashmore und Cartier Islands Territory in der Timor-See, die Heard- und MacDonald-Inseln und das Australian Antarctic Territory.

Anreise

Mehr als 20 internationale Liniengesellschaften fliegen Australien an. Der billigste Flug von Frankfurt kostet hin und zurück in der Nebensaison (Apex-Tarife) zwischen 2300 und 3000 DM. In den meisten Fällen sind die Zielflughäfen Sydney, Melbourne, Perth, Adelaide, Brisbane oder Darwin. Die kürzeste Flugzeit z. B. mit Lufthansa oder Quantas beträgt für die Strecke Frankfurt – Perth 22 Stunden, mit Zwischenlandungen am Persischen Golf, Bombay oder Singapur.

Ärztliche Hilfe

Ärzte, Zahnärzte sind qualifiziert, die Krankenhäuser sind modern ausgestattet. Zu empfehlen ist vor Reiseantritt eine Unfall- und Krankenversicherung, denn die Arztkosten in Australien sind enorm hoch. Ausländer können australische Krankenversicherungen nicht beanspruchen. Sollte man sich bei einer Outback-Exkursion verletzen oder krank werden, dann kann über Funk der „Flying Doctor" gerufen werden, dessen Zentrale sich im Landesinneren, in Alice Springs, befindet.

Apotheken

In Australien heißen sie gewöhnlich „Chemists". Hier bekommt man auch viele Kosmetik- und Toilettenartikel. Ein von einem deutschen Hausarzt ausgestelltes Rezept wird im allgemeinen nicht anerkannt. Wer ein rezeptpflichtiges Medikament benötigt, muß einen australischen Arzt aufsuchen. In den größeren Städten befinden sich Apotheken mit 24-Stunden-Service.

Autofahren

Mit mehr als 450 Kraftfahrzeugen auf je 1000 Einwohner ist Australien eines der höchstmotorisierten Länder der Welt. Es gibt ein paar gut ausgebaute Highways, Pracht-Boulevards in den Städten, halbwegs gute Landstraßen und im Outback überwiegend Sand- und Schotterpisten.

In Australien wird links gefahren. Die Wagen haben üblicherweise Rechtssteuerung. Angurten ist Pflicht und wird bei Nichtbeachtung scharf bestraft. Rechts hat immer Vorfahrt.

Geschwindigkeitsbegrenzungen: innerhalb geschlossener Ortschaften und in den Städten gewöhnlich 60 km/h, auf Landstraßen und Highways 100 km/h.

Führerscheine von ausländischen Touristen werden in Australien anerkannt, gewöhnlich für ein Jahr und für die gleiche Fahrzeugklasse. Zusätzlich wird eine internationale Fahrerlaubnis anerkannt.

Allrad: für Fahrten im Outback unbedingt erforderlich. Notwendige Ersatzkanister für Benzin und Wasser nicht vergessen!

Wagenkauf: kein Problem. Der Gebraucht- und Neuwagenmarkt ist umfassend. Es gibt keinerlei Einschränkungen. Den eigenen Wagen zu verschiffen ist wegen der komplizierten Einfuhrformalitäten nicht zu empfehlen.

Behinderte

Broschüren, in denen Einrichtungen für Behinderte aufgeführt sind, gibt es für Sydney, Melbourne, Hobart, Perth, Adelaide, Brisbane und Canberra. Anfragen können an die örtlich zuständigen Tourist Travel Centres gestellt werden. Einen ausführlichen Hotelführer für Behinderte erhält man beim Department of Sport, Recreation and Tourism, G.P.O. Box 787, Canberra City, ACT 2601, Tel.: 0 62/68 94 64.

Besondere Ereignisse

Januar:	
Perth Cup	wichtiges Pferderennen
Cricket-Spiele und Surf-Carnivals	an Wochenenden an fast allen Stränden und in den Stadien
Sydney Summer Festival	einen Monat lang Kunst- und Kulturveranstaltungen

Februar:

Royal Hobart Regatta	2tägiges Wassersport-Fest
Perth Festival	ab Mitte Februar, kulturelles Programm

März:

Adelaide Festival of Arts	alle zwei Jahre, Mammut-Programm
Begonia Festival	Ballarat, ein großartiges Blumenfest
Canberra Festival	1 Woche Kultur- und Kunstprogramm
Blue Gum Festival	Tasmanien, Kultur- und Sport-Show
Melbourne's Moomba	10 Tage, Straßenkarneval, Konzerte

April:

Barossa-Weinfest	alle 2 Jahre, großes Winzer-Fest im Barossa Valley
Sydney Cup	Ostern, wichtiges Pferderennen
Rock Argyle Festival	1 Woche, Fest der Sydneyer Rocks

Mai:

Bangtail Muster	Alice Springs, Rodeo, Umzüge, Viehauftrieb, ziemliches Spektakel

Juni:

Pacific Festival	Townsville, 10 Tage, Kultur- und handwerkliche Ausstellungen
Beer Can Regatta	Darwin, lustige Regatta, Boote aus Bierdosen gelötet

Juli:

Doomben Ten Thousand	Brisbane, Pferderennen

August:

Ski Championships	Thredbo, intern. Skirennen
Henley-on-Todd	Alice Springs, lustiges Bootsrennen in ausgetrocknetem Flußbett
Royal South Street Comp.	Ballarat, Sängerfestival

September:

Beginn der Forellen-Saison	Snowy Mountains und Tasmanien
Carnival of Flowers	Toowoomba, Blumenschau
Australian Football	Melbourne, Endrunden-Turnier

Oktober:

Horse Racing Carnivals	Melbourne und Sydney
Jacaranda Festival	Grafton, Gartenschau

November:

Melbourne Cup	1 Woche, Beginn 1. Dienstag im Monat, wichtigstes Pferderennen

Dezember:

Carols by Candlelight	Weihnachtsliedersingen
Sydney-Hobart-Race	26. Dezember, klassische Segeljacht-Regatta
Open Tennis	Nationale Meisterschaften

Beste Reisezeit

Praktisch immer, denn die Sonne scheint fast überall in Australien. Im Norden muß allerdings während der Monsunzeit (November bis März) mit heftigen Regengüssen gerechnet werden. Die Schulferien sind hier Anfang Mai, Mitte August sowie von Mitte Dezember bis Anfang Februar. Alle Ferienplätze sind zu dieser Zeit stark frequentiert.

Bevölkerung

Australien hat 16 468 600 Einwohner, vorwiegend britischer und irischer Abstammung. Die Zahl der Aboriginals (Ureinwohner) und Torres-Street-Insulaner wird auf 162 000 geschätzt, das sind 1 % der Gesamtbevölkerung.

Boots-Charter

In den Küstenstädten und Ferienzentren kann man Boote mit oder ohne Crew chartern. Die Kosten für voll ausgerüstete Boote hängen ganz von der Größe, Verfügbarkeit, Liegeplatz, Saison und natürlich von den eigenen Anforderungen ab.

Preisbeispiele: Boots-Charter in den Whitsunday-Islands ab $A 315,- pro Tag (Yachten für 5–8 Personen) bis $A 500,- für drei Wochen (alles ohne Besatzung!).

5- bis 12-Betten-Hausboot auf dem Hawkesbury River (drei Nächte ab $A 600,-).

6- bis 10-Betten-Motorboot auf dem Murray River ab Loxton/ South Australia $A 510,- bis $A 945,- pro Woche.

Buchungen für Flug und Aufenthalt

In fast allen deutschen Reisebüros kann man Reisen und Flüge nach Australien buchen. Bedeutendste Veranstalter: ADAC Reise GmbH, Airtours International, Australian Tourconsult, Deutsches Reisebüro DER, Franktour-Reisen, Gastager-Reisen, HAPAG-Lloyd-Reisebüro, Hauser-Exkursionen, Ikarus-Tours, Marco-Polo-Reisen, Orbis-Reisen GmbH.

Preisbeispiel: Travellers Club Reisedienst, 30 Tage „Down Under" (Melbourne – Sydney – Christchurch – Auckland – Hawai) am 4599,- DM. Ikarus Tours, 32tägige Transaustralien-Expedition, Flug, Transfers, Übernachtung, Vollpension für rund 13500,- DM.

Busse

Linienbusse fahren überall in Australien, viele als Zubringerdienste zu Bahnhöfen und Flughäfen. Alle australischen Großstädte sind durch Expreß-Busdienste miteinander verbunden. Diese Busse verfügen über größeren Komfort: Air-condition, verstellbare Sitzlehne, Toilette, Waschraum und Bord-Bar.

Wichtige Expreß-Linien sind: Sydney – Melbourne, Sydney – Brisbane, Melbourne – Adelaide, Adelaide – Perth, Brisbane – Cairns. Der Preis für die Strecke Adelaide – Perth (über 2720 km) ist ungefähr $A 139,-. Man ist 37 Stunden auf Achse.

Busunternehmen wie Ansett Pioneer bieten für Bus-Freaks den Super-Aussie-Paß, 10-Tage-Paß mit 7 Übernachtungen im Doppelzimmer für $A 490,- pro Person. Bei Greyhound Australia kostet der Eagle-Paß für 60 Tage $A 880,-, allerdings muß dieser Super-Paß vor Ankunft in Australien gekauft werden. Reisen mit Safari-Bussen bieten viele Veranstalter in Australien. Übernachtet wird dabei in Motels. Für eine 9-Tage-Red-Centre-Safari von Alice Springs zahlt man z. B. ab 1361,- DM (QANTAS TRAVEL CENTRES, Tel. 01 30/74 70). 11 Tage „TASMAN Wanderer" ab Launceston, $A 999,- (Australian Pacific Tours).

Camping

Gute Campingplätze gibt es in Australien viele. In den zivilisierten Gebieten entsprechen sie durchaus europäischem Standard, mit Duschen, WC, elektrischem Licht, Müllabfuhr usw. Entlang den Straßen durch die australische Wildnis gibt es meistens nur einfache Stellplätze an landschaftlich schönen Stellen. Hier muß man das Koch- und Waschwasser entweder aus Flüssen oder Seen holen oder aber das eigene mitbringen.

Einkaufen

In den Städten sind Geschäfte normalerweise von 9.00 bis 17.30 Uhr geöffnet. Lange Verkaufstage sind entweder am Donnerstag (Sydney, Perth) oder am Freitag (Melbourne, Brisbane, Canberra, Hobart). Samstags haben die Läden ab Mittag zu, sonntags gibt es nur etwas in den kleinen Geschäften der Italiener, Griechen oder Asiaten. Die Preise entsprechen weitgehend unserem Niveau. Lohnende Mitbringsel: siehe Souvenirs.

Ein- und Ausreise

Für deutsche Staatsbürger sind ein gültiger Reisepaß und ein Visum erforderlich, das man bei den zuständigen Botschaften anfordern kann. Fügen Sie dem Visumantrag zwei aktuelle Paßbilder bei. Näheres erfahren Sie im Reisebüro oder bei den Fluggesellschaften. Das Visum gilt normalerweise drei Monate, kann aber ein- bis zweimal verlängert werden. Bei der Ausreise müssen alle Personen über 12 Jahre eine Flughafen-Benutzungsgebühr in Höhe von $A 10,- entrichten.

Eisenbahnen

Die Eisenbahnen sind staatlich und werden von den einzelnen Bundesstaaten betrieben. Mit Ausnahme von Darwin sind alle Hauptstädte auf dem Festland an das Schienennetz angeschlossen, das mehr als 40 000 km umfaßt. Wie alles in Australien, sind auch die Eisenbahnverbindungen gigantisch. So benötigt etwa der „Sunlander" von Brisbane nach Cairns für die einfache Fahrt 37 Stunden. Wer von Sydney nach Alice Springs will, wird rund 46 Stunden im Zug verbringen müssen. Nicht ganz so lange, nur 22 Stunden, ist der „Indian Pacific" von Sydney nach Adelaide unterwegs. Wer die ganze Strecke in Angriff nehmen möchte, muß bis Perth 65 Stunden Fahrzeit kalkulieren (wenn nichts dazwischenkommt!).

Die Preise können sich sehen lassen: Adelaide–Alice Springs mit dem „Ghan" in der Economy/Sitzplatz $A 107,-; 1. Klasse von Perth nach Sydney $A 696,- für den Schlafwagen.

Günstig fährt man mit dem „Austrail-Paß", den man nur außerhalb Australiens als Tourist erwerben kann. Preis für 2 Monate: $A 860,- (Budget), $A 1350,- (1. Klasse).

Entfernungen

Sie sind immens: Brisbane–Darwin via Longreach, Mt. Isa = 3496
km; Perth–Darwin entlang der Küste = 4243 km; Adelaide–Perth
via Eyre Highway = 2712 km; Sydney–Melbourne über den
Hume Highway = 893 km; einmal rund um Australien auf der
National Route Nr. 1 Sydney–Sydney = 9265 Meilen oder rund
14 500 km.

Essen und Trinken

In Australien ist das Leitungswasser trinkbar, und den damit
gewaschenen Salat kann man bedenkenlos essen. Es gelten strenge
hygienische Bestimmungen. In den Großstädten gibt es Restaurants internationaler Prägung, wo man ausgezeichnet essen kann.
Wer auf Fast-Food abfährt und gerne Hot dogs am Straßenrand
ißt, der findet eine reiche Auswahl. Manche Restaurants sind zwar
gut, aber nicht lizenziert, das heißt, man muß seine eigenen
alkoholischen Getränke mitbringen. „B.Y.O." heißt dieser Spaß –
bring your own. Das Nationalgericht sind „Steak & Eggs" und
Lammfleisch, geröstet oder gekocht. Kulinarische Köstlichkeiten
sind die vielen tropischen Früchte, wie Mangos, Papayas, Ananas,
Bananen, Passionsfrüchte oder Kiwis und natürlich die Produkte
aus dem Meer: Hummer, Muscheln, Barramundi, Brassen,
Thunfisch, Krabben (Mud Crabs), Snapper und andere Fische.
Das Bier ist besonders gut in Victoria und Neusüdwales. Empfeh-
lenswerter Wein kommt aus dem Barossa Valley, Hunter Valley,
der Riverina und aus dem Swan Valley.

Feiertage

New Year's Day	1. Januar
Australia Day	Januar
Labour Day	März (im allgemeinen)

Easter	April (4 Tage)
ANZAC Day	April
Queen's Birthday	Juni
Christmas Day	25. Dezember

Viele Bundesstaaten haben eigene Feiertage, so wird der Labour Day in Queensland und Tasmanien im Mai, in New South Wales erst im Oktober gefeiert. Ähnlich unterschiedlich sind auch die Foundation Days – die Gründungstage der einzelnen Bundesstaaten und Territorien.

FKK

Offiziell nicht erlaubt. In Sydney gibt es zwei Stellen, wo man baden „ganz ohne" duldet: Camp Cove und Obelisk Bay. Gegen „oben ohne" hat man nichts an den meisten bekannten Stränden der Stadt. Prüde Sittenwächter gibt es nur in der Provinz. An den einsamen Stränden der West- und Ostküste wird sich niemand daran stören, wenn einer nackt badet – ist ja auch keiner da, der meckern könnte.

Flora und Fauna

Bedingt durch die frühere isolierte Lage des Kontinents, gedeihen hier Pflanzen, die es nirgendwo sonst auf der Welt gibt. Am verbreitetsten ist der Eukalyptusbaum, von dem es mehr als 600 Arten gibt. Interessant sind auch die *wattles* (Akazien) und die *baobabs* (Flaschenbäume) in Westaustralien. In den tropischen Küstenregionen wachsen Palmen, Mangroven und Pandanus.

Weit verbreitet sind die Beuteltiere: Känguruh, Wombat, Wallaby, Koala, Rattenkänguruh, Nasenbeutler oder Beutelmull; die eierlegenden Säugetiere Ameisenigel und Schnabeltier (Platypus), die großen Laufvögel Emus und Strauße (vorwiegend in Südaustralien), das Opossum und unzählige Vogelarten wie Brolgakranich, Trauerschwan, Rosa Kakadu, Seidenlaubenvogel, Kookaburra (Lachender Hans), Moschus-Lori, Eulenschwalm, Honigfresser oder Blauwangen-Lori. Dazu kommen Schlangen, Giftspinnen, Krokodile und viele kuriose Eidechsenarten.

Fotografieren und Filmen

Fotomaterial am besten von zu Hause mitbringen – in Australien sind Filme um 30 % teurer als bei uns. Wegen der intensiven Sonneneinstrahlung genügen Filme mit niedriger DIN-Zahl (15–19 DIN). Auf jeden Fall Pol- oder Skylight-Filter vors Objektiv schrauben. Erstens werden dadurch die Farben satter und intensiver, zweitens schützt solch ein Filter zusätzlich vor Staub, Sand und Wasserspritzern.

Geld und Devisen

Australien hat ein Dezimalsystem. 100 Cents = 1 Dollar. Es gibt Banknoten zu 100, 50, 20, 10, 5 und 2 Dollar; Münzen zu $ 1, 50, 20, 10, 5, 2 und 1 Cent. Kurs (1. 2. 90): 1 Austral. Dollar = 1,36 DM.

Einfuhr von Devisen: Keine Beschränkungen. Man kann sich die Devisen vom Zoll in den Paß eintragen lassen.

Kreditkarten: American Express, Diners Club, Carte Blanche, Master Card, Visa und Eurocard sind am weitesten verbreitet. Mit anderen europäischen Kreditkarten kann man Schwierigkeiten haben.

Ausfuhr von Devisen: Wer weniger als 6 Monate im Land bleibt, kann Devisen bis zum Wert der eingeführten wieder ausführen. Sonst ohne Genehmigung nicht mehr als 250 $A.

Banken: Öffnungszeiten der Banken in den Großstädten allgemein: montags bis donnerstags durchgehend 9.30 bis 16.00 Uhr, freitags 9.30 bis 17.00 Uhr.

Reiseschecks: Das sicherste und bequemste Zahlungsmittel. Am besten sind American Express bzw. alle Schecks von den großen amerikanischen und englischen Banken (z. B. Barclays Bank). Alle größeren Hotels wechseln Reiseschecks, wenn die Banken geschlossen haben.

Gesundheitsbestimmungen

Impfungen sind nicht zwingend notwendig. Pockenschutz nur für Reisende, die sich 14 Tage vor Einreise in Pockengebieten aufgehalten haben. Ähnlich verhält es sich auch mit Cholera und

Gelbfieber. Bei der Landung wird das Flugzeug desinfiziert (geschieht durch Sprühen!).

Geschichte

Die erste Besiedlung erfolgte vor mindestens 40 000 Jahren durch die Ureinwohner (Aboriginals), die aus Südostasien einwanderten. 1606 waren es der Spanier Torres, der auf der Suche nach neuen Handelsplätzen als erster die Meerenge zwischen Australien und Neuguinea durchsegelte. Parallel dazu entdeckte der Holländer Willem Jantz im gleichen Jahr die nordwestaustralische Küste und kartographierte einen 200 Meilen langen Küstenabschnitt. Der Holländer Abel Tasman entdeckte 1642 die nach ihm benannte Insel im Süden, doch erst 1770 gelang es dem Engländer James Cook, auf die Ostküste zu stoßen und diese weitgehend zu erforschen. 18 Jahre später, am 26. Januar – mit der Ankunft der „First Fleet" unter Captain Philipp in der Botany Bay (bei Sydney) – begann die europäische Besiedlung des Kontinents. 529 männliche und 188 weibliche Gefangene waren die ersten Siedler. Der britische Seefahrer Matthew Flinders, der 1802–1803 erfolgreich den gesamten Kontinent umsegelte, schlug 1814 vor, das Land von Neu-Holland in Australien umzutaufen. Mit dem Goldrausch von 1851 strömten zahlreiche Glücksritter und neue Siedler ins Land. Die Strafkolonien wurden 1867 endgültig abgeschafft und 1901 das „Commonwealth of Australia" proklamiert – eine neue Nation war geboren. Hauptstadt war zunächst Melbourne, dann – ab 1927 – Canberra.

Inlandflüge

Fliegen ist die ideale Methode, die ungeheuren Entfernungen schnell zu überbrücken. Ein Routennetz von über 150 000 km erstreckt sich über den ganzen Kontinent. Neben den beiden großen – TAA und Ansett – operieren sechs weitere Inland-Fluglinien. Für Exkursionen ins Outback lassen sich Kleinflugzeuge chartern, die fast überall landen können. Zu den Inseln des Great Barrier Reefs fliegen Wasserflugzeuge oder Helikopter.

Preisbeispiele: Sydney – Brisbane $A 140,- in der Economy, Perth – Melbourne $A 314,- ebenfalls in der Economy (Preise berücksichtigen den Nachlaß von 25 % in der Economy). Billiger geht es mit dem „Transcontinental Airpass" von TAA oder Ansett. Für 60 Tage ab Sydney, Perth oder Cairns kostet der Paß $A 799,-. Bei Vorausbuchungen gewähren viele australische Fluggesellschaften Nachlässe bis zu 35 %. Dazu kommen noch günstige Pauschal-Touren, z. B. 8 Tage Air-Safari von Sydney nach Cairns (oder umgekehrt!) ab $A 4260,- (Hotel/Frühstück sind eingeschlossen). Veranstalter: Air Rover.

Kleidung

Die meisten Australier ziehen sich *casual*, das heißt leger, an. Für den Norden (während des ganzen Jahres) und für den Süden (während des Frühlings und des Sommers) empfiehlt sich leichte Kleidung. Für die Wintermonate im Süden braucht man Pullover, Mantel, feste Schuhe und Regenschirm. Im Outback sollte man unbedingt derbe hohe Schuhe (möglichst auch Gamaschen) und wegen der starken Sonneneinstrahlung eine Kopfbedeckung tragen. Die Korallen im Barrier Reef sind sehr scharf. Hier helfen Tennisschuhe mit Gummisohle oder Badesandalen aus Plastik.

Klima

Der Kontinent erstreckt sich über 30 Breitengrade und hat mehrere Klimazonen. Der größte Teil ist heiß und trocken. Von November bis März ist es überall warm bis heiß (max. 30°, min. 16° C). Im tropischen Norden herrscht von November bis April Regenzeit. Nord- und Zentralaustralien haben April bis September ideales Wetter mit warmen, sonnigen Tagen und kühlen Nächten. In den südlichen Regionen bringt der Winter im höheren Bergland Schnee. Es ist hier im allgemeinen kühl, mit gelegentlichen Regenschauern und viel Sonnenschein.

Durchschnittliche Temperaturen in °C:

	Sommer	Winter
Sydney	21,3	12,9
Brisbane	24,7	15,6
Canberra	20,1	7,2
Adelaide	22,4	12,0
Melbourne	17,2	10,2
Perth	22,8	13,4
Darwin	32,5	23,5
Hobart	16,8	7,5

Literatur

Apa-Guides, *Australien*, Nelles Verlag, München, Merian, *Australien*, Hoffmann & Campe Verlag, Hamburg

LN-Touristikführer: Gerda Rob, *Australien kennen und lieben*, LN Verlag, Lübeck,

Hans W. Luy Ken, *Australien*, Mai's Weltführer 36,

Klaus Viedebanntt: *30mal Australien und Neuseeland*, Piper, München,

Tony Wheeler: *Australia – A Travel Survival Kit*, Lonely Planets Publications, P.O.B. 88, South Yarra, Victoria 3141,

Life – Die Wildnisse der Welt: *Der australische Busch* und *Das große Barrierriff*,

Hans O. Meissner: *Das fünfte Paradies*, C. Bertelsmann, München,

Du Mont, Richtig reisen: Johannes Schulz-Tesmar, *Australien, Die größte Insel der Welt*, von H. W. Gille, Welsermühl-Verlag

Post und Telefon

Postämter gibt es in fast jedem Kaff. Telefonzellen ebenso. Ortsgespräche bis zu drei Minuten kosten von der Telefonzelle aus 30 Cent. Die Verbindungen nach Übersee sind meistens gut. STD-Calls (Ferngespräche) entweder über die Vermittlung oder von Privatanschlüssen im Selbstwähldienst führen. Man erfährt dann auch sofort den Preis. R-Gespräche sind auch möglich. Die Kosten bewegen sich zwischen 1 Cent die Sekunde für alle australischen Gebiete und etwa 20 Dollar für drei Minuten nach München. Nach 18.00 Uhr gelten verbilligte Fernsprechtarife.

Postämter sind gewöhnlich montags bis freitags von 9.00 bis 17.00 Uhr geöffnet.

Rundfunk
In den Großstädten gibt es zahlreiche Privatsender nach amerikanischem Vorbild. Die besten Sender in Sydney: 2SM, 2WS. An der Central Coast: 3JJ. Die Australian Broadcasting Commission sendet täglich Nachrichten für Europa.

Schiffsverbindungen
Zwischen Tasmanien und dem Festland verkehren Fährschiffe. Die „M. V. Abel Tasman" pendelt dreimal pro Woche zwischen Melbourne und Devonport in Nord-Tasmanien. Die Fahrt dauert 15 Stunden und kostet $A 125,- (Kabine für 2 Personen). Für einen normalen Pkw bis zu 5,4 m Länge zahlt man hin und zurück ~ $A 300,-. Regelmäßige Schiffsverbindungen gibt es ferner von Darwin oder Perth nach Broome, Derby und Port Hedland sowie zwischen Adelaide und Albany und Melbourne. Auf dem Murray River fahren Raddampfer von der Mündung bis rauf nach Albury.

Souvenirs
Opale und andere Halbedelsteine, Wollsachen, Fellmäntel, Pelzjacken und -mäntel, Outback-Kleidung, Akubrahüte, R.- M.- Williams-Stiefel, Lederwaren, Plüsch-Koalas, Schmuckgegenstände aus Muscheln, Bumerangs mit Gebrauchsanleitung, *bark paintings* (Rindenmalereien der Ureinwohner), Schnitzereien, Töpferwaren, guten australischen Wein, Bundaberg-Rum aus Queensland.

Sprache
Australier sprechen Englisch mit einem besonderen Akzent. Viele Ausdrücke können nur schwer verstanden werden:

aboriginal (abgekürzt: abo)	= Ureinwohner
Aussie	= Australier
billabong	= Wasserloch
billy	= Teetopf
bloke	= Freund, Kumpel
bloody	= wichtigstes bekräftigendes Adjektiv, das Engländer für äußerst unfein halten
booze	= Stoff, Alkohol
bottle shop	= Spirituosenladen
boss cocky	= Farmverwalter
boss drover	= Vormann der Viehhüter
cobbers	= Kameraden
coolabah tree	= Eukalyptusbaum
corroborree	= Eingeborenen-Fest
crook	= Ganove
dagos	= Südeuropäer
digger	= Schatzsucher, Goldgräber
dinkum	= ehrenvoll, ehrlich
drink with the flies	= alleine trinken
dummy	= Toilette
fossiking	= nach Mineralien suchen
grazier	= Großgrundbesitzer
gin	= Eingeborenenfrau
going bananas	= ausflippen
hit your kick	= mach den Geldbeutel auf
hooly-dooly	= Überraschung
hooroo	= good-bye
humpy	= Eingeborenenhütte
itie	= Italiener
jackaroo	= junger Rancharbeiter
loo	= WC
mate	= bester Freund
mob	= Clique

naussie	=	Neu-Australier
ninny	=	Idiot
outback	=	Busch, das Landesinnere
plonk	=	billiger Fusel, Wein
pomme, pommy	=	Engländer
schooner	=	großes Glas Bier
sheila	=	hübsches Mädchen oder Freundin
shout her on	=	ihr einen ausgeben, anmachen
squatter	=	Großrancher
swagman, swaggy	=	Landstreicher, Tramp
sundowner	=	Tippelbruder
stockman	=	schwarzer Cowboy, Viehtreiber
tea	=	Abendessen
tummy	=	Daumen
tucker	=	Essen
tucker bag	=	Brotbeutel
walkabout	=	einer, der immer auf Achse ist
wog	=	Grippe, Erkältung
vegies	=	Gemüse
yabber	=	dummes Gerede
your shout	=	deine Runde

Stromspannung

Die Wechselstromspannung beträgt in Australien meist 220–250 Volt und 50 Hertz. Die Stecker sind dreipolig. In führenden Hotels gibt es auch Steckdosen mit 110 Volt. Es empfiehlt sich, einen Adapter vor Reiseantritt zu kaufen.

Taxi und Mietwagen

Taxen gibt es in allen großen und mittleren Städten. Fast alle haben Funk und Taxameter. Der erste Kilometer kostet zwischen 60 und 90 Cents. Taxis kann man überall anhalten oder anrufen. Das größte Problem: In den Großstädten wissen die Taxifahrer oft nicht, wo's langgeht.

Mietwagen von Hertz, Avis, Budget und anderen findet man an

beinahe jedem Provinzflughafen. Günstig ist es, vorher in Deutschland ein „Mietwagen-Package" zu buchen, in Verbindung mit einem Fly-and-Drive-Arrangement. Die Tarife sind dann günstiger. Man muß mindestens 21 Jahre alt sein, um einen Wagen zu mieten. Deutscher Führerschein genüg. Haftpflichtversicherung gehört automatisch zum Mietvertrag. Eine Personenversicherung ist von Vorteil.

Tiere
Das Mitbringen von lebenden oder toten Tieren ist nicht gestattet. Wer trotzdem nicht auf seinen vierbeinigen Liebling verzichten will, muß ihn mindestens ein halbes Jahr in Quarantäne geben.

Trinkgeld
Ist Ihnen selbst überlassen. Es ist in Australien nicht üblich, Trinkgeld zu geben, weder Taxifahrern noch Kellnern, die 10 % von dem Bedienungszuschlag in Hotel und Restaurants bekommen, Ausnahme: Gepäckträger erhalten pro Koffer 50 Cents.

Unterhaltung
In Sydney, Melbourne, Adelaide, Perth und Brisbane ist das Kulturangebot ziemlich reichhaltig. Ein Abend in der Oper von Sydney mit anschließendem Bummel durch Kings Cross stellt selbst verwöhnte München-, Paris- oder London-Kenner zufrieden. Sydney bietet das meiste, Melbourne bietet viel, aber alles eine Spur konservativer. Die übrigen Großstädte sind nur Durchschnitt. Wer allerdings beim „Adelaide Arts Festival" dabeisein kann, wird drei Wochen lang mit dem besten Kulturprogramm Australiens verwöhnt.

Unterkunft
Hotels, Motels, Pensionen und Ferienwohnungen entsprechen dem internationalen Standard. Stationäre Wohnwagen zum Mieten gibt es in den touristisch bevorzugten Gebieten sehr zahlreich.

Für „Low-Budget"-Reisende: 109 Jugendherbergen bieten saubere Unterkünfte und sind in der „Youth Hostels Association" zusammengeschlossen. Während der Semesterferien in den Monaten Mai und August sowie November bis Februar bieten Universitäten und Colleges gute Übernachtungsmöglichkeiten für wenig Geld. Etwas Besonderes sind die Personal-Unterkünfte auf den großen Schaf- und Rinderfarmen im Outback. Auskunft erteilt das „Tourist Bureau" der Bundesstaaten.

Versicherungen

Unbedingt zu raten: eine Personen- und Reiseversicherung. Bei den langen Flügen geht schnell mal ein Koffer verloren, oder eine Kamera verschwindet auf Nimmerwiedersehen im Great Barrier Reef.

Wichtige Adressen

Australische Tourist Commission
Neue Mainzer Straße 22
6000 Frankfurt 1
Tel.: 069/27400620

Australische Botschaft in der BRD
Godesberger Allee 119
5300 Bonn 2
Tel.: 0228/810376

Einwanderungsabteilung der Australischen Botschaft
Hohenzollernring 103
5000 Köln 1
Tel.: 0221/511071

Qantas Airways
Bethmannstraße 56
6000 Frankfurt 1
Tel.: 069/230041

221

Botschaft der BRD in Australien
119 Empire Circuit
Yarralumla A.C.T. 2603
Tel.: 0 62/73 31 77

Fremdenverkehrsbüros in Australien:

Canberra Tourist Bureau
Jolimont Centre
Nothbourne Avenue
Canberra City, A.C.T. 2601
Tel.: 0 62/45 64 64. Tlx.: AA 6 23 05 Captour

Travel Centre of New South Wales
16, Spring Street
Sydney, N. S. W. 2000
Tel.: 02/2 31 44 44, Tlx.: AA 2 26 11 Govtour

Victorian Travel Centre
230, Collins Street
Melbourne, Victoria 3000
Tel.: 03/6 19 94 44, Tlx.: AA 3 08 68 Victour

Holiday W. A. Centre
772, Hay Street
Perth, W. A. 6000
Tel.: 09/3 22 29 99, Tlx.: AA 9 30 30 Holwa

South Australian Government Tourist Bureau
18, King William Street
Adelaide, S. S. 5001
Tel.: 08/2 12 16 44, Tlx: AA 8 24 87 Satour

Northern Territory Government Tourist Bureau
31, Smith Street Mall
Alice Springs N. T. 0800
Tel.: 0 89/81 66 11, Tlx.: AA 8 50 27 NTTOURS

Queensland Government Tourist Bureau
196, Adelaide Street
Brisbane, Qld. 4000
Tel.: 07/8 33 52 55, Tlx.: AA 4 28 21 QDTOURS

Tasmanian Travel Centre
80, Elizabeth Street
Hobart, Tas. 7000
Tel.: 0 02/30 02 11, Tlx.: AA 5 80 17 Tourist

Zeitungen

Morgen- und Abendzeitungen bringen örtliche und internationale Nachrichten. Weit verbreitet sind die Südpazifik-Ausgaben von „Newsweek" und „Time". Ausländische Tageszeitungen und Magazine erhält man mit entsprechender Verspätung in den Kiosken der Flughäfen, großen Hotels und Buchhandlungen. Für deutsche Auswanderer erscheinen in Sydney und Melbourne Wochenzeitschriften in deutscher Sprache (mit den Bundesligaergebnissen natürlich!).

Zoll

Die Einfuhr von persönlichen Dingen, Fahrzeugen, Jachten, Sportausrüstung, Kamera, Alkohol und Tabak ist selbstverständlich. Touristen über 18 Jahre dürfen 200 Zigaretten und 1 Liter hochprozentigen Alkohol zollfrei einführen. Bei der Ankunft in Australien ist ein gelbes und weißes Zoll- und Einreiseformular auszufüllen. Bei Drogen und Rauschgift kennen die Zollbeamten kein Pardon. Es drohen hohe Haftstrafen. Wissenswertes über allgemeine Zollbestimmungen erhalten Sie bei:
The Australian Customs Representative
Canberra House
10–16, Mattravers St. off Arundel St.
London WC2, R3ER
Tel.: 4 38 82 25 oder über die Konsulate in der BRD, Schweiz und Österreich
Stand: März 1990

WEITERE TITEL ZUM THEMA DURCH DIE GANZE WELT

Konrad Gallei/Gabi Hermsdorf
Blockhausleben
Ein Jahr in der Wildnis von Kanada
224 Seiten, 32 s/w Fotos, 2 Karten,
Reisetips, DM 15,80
ISBN 3-89405-014-4

Hjalte Tin/Nina Rasmussen
Traumfahrt Südamerika
Auf dem Motorrad und mit Kindern von L.A. nach Rio
320 Seiten, 48 s/w Fotos, 3 Karten,
Reisetips, DM 17,80
ISBN 3-89405-033-0

John Pilkington
Am Fuß des Himalaja
Nepal-Trekking im Alleingang
256 Seiten, 31 s/w Fotos, 9 Karten,
Reisetips, DM 15,80
ISBN 3-89405-026-8

Michael Möbius/Annette Ster
Dschunke, Jeep und Bambusfloß
Durch Burma und Thailand
224 Seiten, 38 s/w Fotos, 2 Karten,
Reisetips, DM 15,80
ISBN 3-89405-025-X

Christine Cerny
Von Senegal nach Kenia
Schwarzafrika hautnah
320 Seiten, 64 s/w Fotos, 3 Karten,
Reisetips, DM 17,80
ISBN 3-89405-004-7

 REISEN · MENSCHEN · ABENTEUER